비주얼 톡톡 No.2

초보자를 위한 해외쇼핑몰 이용 가이드

해외쇼핑으로

나는 쇼핑 다이어트 한다

퍼니샤퍼, 샵투, 부자킹 지음

미디어

초판 발행 2012년 8월 27일

STAFF

author 퍼니샤퍼, 샵투, 부자킹

main director 안창현
director design Micky Ahn
main design 장민서
editor 표수재

ISBN 978-89-94178-51-6   13300

펴낸이 안창현
펴낸곳 코드미디어
등록 2001년 3월 7일   등록번호 제 25100-2001-5호
주소 서울시 은평구 갈현1동 419-19 1층
전화 02-6326-1402 팩스 02-388-1302
전자우편 codmedia@codmedia.com

정가 13,500원

비주얼 톡톡
두 번째 이야기

비주얼 톡톡은
멀티미디어 요소를 이용하여 재미있게 학습할 수 있는
코드미디어의 생활 백서 도서 시리즈입니다.
이번에 해외쇼핑몰 이용 도서를 비주얼 톡톡 두 번째 도서로 출간하게 되었습니다.

이 도서의 기획은 2010년에서 부터 시작되었습니다.
인터넷의 활성화로 글로벌화되고 있는 시기에 국내 쇼핑에서 벗어나
해외 쇼핑을 즐길 수 있는 도서를 내면 어떨까하는 생각에서 시작되었습니다.

국내에 해외쇼핑에 대한 도서가 많지 않은 시기에 초보자도 쉽게
해외쇼핑을 즐길 수 있도록 구성하는데 많은 시간이 소요되었습니다.

마침내 해외쇼핑의 달인이신 퍼니샤퍼님과 샵투님, 부자킹님의 도움으로
도서가 출간하게 되었습니다.

누구나 쉽게 배울 수 있고 유용한 정보를 많이 담을 수 있도록
많은 노력을 기울였습니다.

모쪼록 독자 여러분이 이 도서를 통해
해외쇼핑을 즐길 수 있기를 기원합니다.

해외쇼핑으로
나는 쇼핑 다이어트 한다

저자의 말

해외쇼핑이 한국에 소개된 지 10주년이 되었습니다.

샵투는 국내보다 좋은 상품을 저렴하게 구매할 수 있도록
처음으로 해외쇼핑을 널리 알리는 일을 시작했습니다.

해외쇼핑이 국내에 많이 알려져 있지 않아 해외쇼핑몰에서도
한국인들의 쇼핑을 낯설어 하던 시절이 있었습니다.
해외에서 발급한 신용카드라는 이유로, 배송대행지를 이용한다는 이유로,
영어를 못 한다는 이유로, 이 외에도 다양한 이유들로 부당한 대우를
받은 적도 있었습니다.

퍼니샤퍼는 더 이상 해외직구인들이 부당한 대우를 받지 않도록
대처하는 방법을 널리 알리는 일을 시작했습니다.

어느 날, 해외쇼핑을 대신 해주는 사람들이 우후죽순 생기면서 해외직구인들이 급속히
증가했습니다. 해외쇼핑을 소개하는 카페도 많이 생겨나고 부정확한 정보를 전달하는
사람들도 생겨났습니다.

부자킹은 보다 현명한 소비를 위해 정확한 정보를 바탕으로
저렴하게 해외쇼핑을 하는 방법을 널리 알리는 일을 시작했습니다.

해외쇼핑의 대표 도우미 3명이 머리를 맞대고 해외쇼핑 10년 노하우를
전하기 위해 뭉쳤습니다.
지금껏 직구인들과 나누었던 다양한 경험들을 하나의 책으로 정리하여
처음 직구를 시작하는 사람들에게 전하고자 합니다.

이 도서의 어느 페이지를 펼치더라도 쉽고 편하게 다가갈 수 있는
핸드북이 되기를 바랍니다.

추천사

이 도서는 해외쇼핑을 도전하려는 사람들에게 해외쇼핑이 무엇인지,
어떻게 하는 건지, 어디에서 하는 건지 친절하게 안내해 주는
해외쇼핑 가이드가 되어줄 것입니다.

해외쇼핑 대표 도우미들이 지난 10년 동안 쌓아온 해외쇼핑 노하우가
듬뿍 담겨있습니다. 많은 사람들이 이용하는 쇼핑 사이트부터 알아두면
좋을 만한 쇼핑 사이트까지 쇼핑 사이트 100개의 알찬 정보가 가득 차있습니다.

국내에서 가장 발 빠르게 해외 할인정보와 쿠폰을 제공하는 저자들의
노하우를 한 눈에 확인할 수 있는 기회가 될 것입니다.

보노플라이(http://www.bonofly.com)

도서 구성

이 도서는 총 3개의 부로 분류되어 있고 각 부는 여러 개의 섹션으로 구성되어 있습니다. 각 부별 구성 내용을 살펴보겠습니다.

1부 | 해외쇼핑을 할 때 알아두어야 할 내용을 소개합니다.

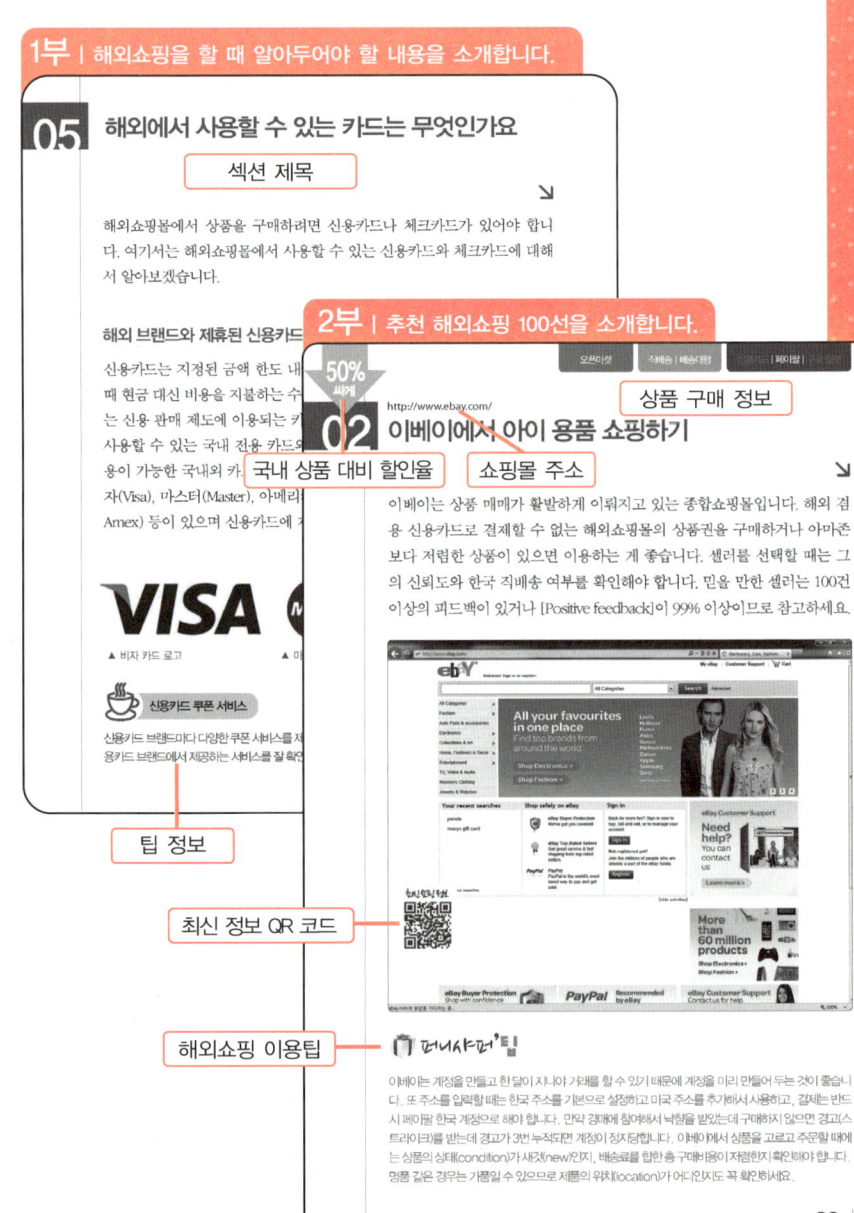

05 해외에서 사용할 수 있는 카드는 무엇인가요

> 섹션 제목

해외쇼핑몰에서 상품을 구매하려면 신용카드나 체크카드가 있어야 합니다. 여기서는 해외쇼핑몰에서 사용할 수 있는 신용카드와 체크카드에 대해서 알아보겠습니다.

해외 브랜드와 제휴된 신용카드

신용카드는 지정된 금액 한도 내에서
때 현금 대신 비용을 지불하는 수
는 신용 판매 제도에 이용되는 카
사용할 수 있는 국내 전용 카드와
용이 가능한 국내와 카.
자(Visa), 마스터(Master), 아메리
Amex) 등이 있으며 신용카드에

VISA

▲ 비자 카드 로고   ▲ 마

☕ **신용카드 쿠폰 서비스**

신용카드 브랜드마다 다양한 쿠폰 서비스를 제
용카드 브랜드에서 제공하는 서비스를 잘 확인

> 팁 정보

2부 | 추천 해외쇼핑 100선을 소개합니다.

오픈마켓   주배송   배송대행 | 페이팔 |

50% 싸게

http://www.ebay.com/

> 상품 구매 정보

02 이베이에서 아이 용품 쇼핑하기

> 국내 상품 대비 할인율   쇼핑몰 주소

이베이는 상품 매매가 활발하게 이뤄지고 있는 종합쇼핑몰입니다. 해외 겸용 신용카드로 결제할 수 없는 해외쇼핑몰의 상품권을 구매하거나 아마존보다 저렴한 상품이 있으면 이용하는 게 좋습니다. 셀러를 선택할 때는 그의 신뢰도와 한국 직배송 여부를 확인해야 합니다. 믿을 만한 셀러는 100건이상의 피드백이 있거나 [Positive feedback]이 99% 이상이므로 참고하세요.

> 최신 정보 QR 코드

> 해외쇼핑 이용팁

🛍 **머니세이버팁**

이베이는 계정을 만들고 한 달이 지나야 거래를 할 수 있기 때문에 계정을 미리 만들어 두는 것이 좋습니다. 또 주소를 입력할 때는 한국 주소를 기본으로 설정하고 미국 주소를 추가해서 사용하고, 결제는 반드시 페이팔 한국 계정으로 해야 합니다. 만약 경매에 참여해서 낙찰을 받았는데 구매하지 않으면 경고(스트라이크)를 받는데 경고가 3번 누적되면 계정이 정지당합니다. 이베이에서 상품을 고르고 주문할 때에는 상품의 상태(condition)가 새것(new)인지, 배송료를 합한 총 구매비용이 저렴한지 확인해야 합니다. 명품 같은 경우는 가품일 수 있으므로 제품의 위치(location)가 어디인지도 꼭 확인하세요.

82

06 주문한 상품을
취소하고 싶어요
주문

● 최근 주 영작 분류 제목 경우

> I would like to cancel my order. My order number is (#취소하려는 주문
> made a mistake. I will place a reorder.

영문 예시

번역 예시 주문을 취소하고 싶습니다. 주문번호는 (#취소하려는 주문번호)입니다. 실수로 주문했어요. 재주문하겠습니다.

● 카드에 문제가 있어서 주문을 취소하고 싶을 경우

> My order number is (#주문번호). There is a problem with my (사용한 카
> 드명) credit card, ending in (카드번호 뒷자리 XXXX). Please cancel my
> will order again with different credit card.

주문번호는 (#주문번호)입니다. (카드번호 뒷자리 XXXX로 끝나는 (사용한 카드 브랜드명) 카드에 문제가 있어요.
기 바랍니다. 다른 신용카드로 다시 주문하겠습니다.

QR 코드 스캔하는 방법

각 섹션에는 해당 내용에 대한 최신 정보를 볼 수 있는 QR코드가 있습니다.
스마트 폰 또는 태블릿 PC를 이용하여 QR코드를 스캔하면 최신 정보가 있는
홈페이지가 열립니다.

① 스마트 폰에서 앱 스토어, 구글 플레이를 이용하여 'daum'을 검색해서 앱을 설치합니다.
② [Daum] 앱을 실행한 다음 [코드] 아이콘을 누릅니다.
③ 카메라를 사각형 영역 안에 QR코드가 들어오도록 향합니다.
④ 초점이 맞도록 스마트 폰을 앞뒤로 움직입니다.
⑤ 초점이 맞으면 찰칵 소리와 함께 해당 페이지로 이동됩니다.

QR코드 스캔은 [Daum] 이 외에 [QROO QROO] 또는 [Naver] 앱을 이용할 수 있습니다.

해외쇼핑의 모든 것

나는 쇼핑 다이어트 한다

Part 02

해외쇼핑 추천 100선 공략

나는 해외쇼핑으로
쇼핑
다이어트
한다

해외쇼핑 추천 100선 공략

Part 02

해외쇼핑 추천 100선 공략

해외쇼핑 추천 100선 공략

Part 03

해외쇼핑 영작 활용 공략

Part 04

해외쇼핑 영작 활용 공략

Part 01

해외쇼핑의
모든 것

해외쇼핑을 시작하기에 앞서 기본기를 배우는 파트입니다.
해외쇼핑이 무엇이고 어떻게 사용하는지 배송부터 결제까지
꼭 알아야할 정보를 알기 쉽게 정리하였습니다.

해외쇼핑이 무엇인가요

해외쇼핑이란 다른 국가에 가서 직접 돈을 주고 구매하는 것뿐만 아니라, 인터넷에 연결된 컴퓨터나 스마트 기기를 통해 해외에서 판매하고 있는 물건을 구매하는 것을 의미합니다. 많은 사람들이 '국내에서도 살 수 있는 물건을 굳이 해외에서 구매하려고 하느냐'라고 의문을 가질 수 있을 것입니다. 국내에서 구매하는 것이 저렴한 상품이 있는 반면 해외에서 구매하는 게 저렴한 상품도 있고 아예 국내에서는 구매하기 어려운 상품도 있습니다. 해외쇼핑은 이러한 문제를 해결해줍니다.

그럼 해외쇼핑은 어려울까요? 아닙니다. 중학생 수준의 영어 실력만 있으면 누구나 해외쇼핑이 가능하며 몇 번 해외쇼핑을 해보면 국내에서 쇼핑하는 것보다 저렴한 가격으로 동일한 제품을 살 수 있는 해외쇼핑의 매력에 빠져들게 될 것입니다. 쇼핑하고 싶은 국가의 쇼핑몰에 접속해서 그 나라만의 개성 있는 상품을 저렴하게 쇼핑하는 것은 멋진 일입니다.

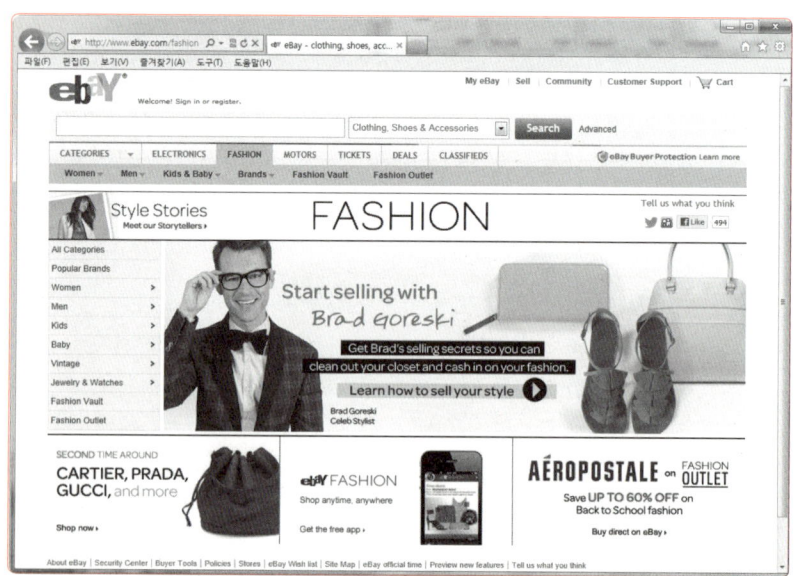

▲ [이베이] 쇼핑몰 메인 페이지

이 도서의 저자들도 기호 상품부터 생활필수품까지 국내에서 사용하는 대부분의 물품을 해외에서 구입합니다. 국내 판매 금액보다 저렴한 가격에 쿠폰 등의 세일 서비스까지 이용하면 훨씬 더 저렴하게 구입할 수 있기 때문입니다. 해외쇼핑에 익숙해지면 국내의 인터넷 쇼핑몰보다 아마존(http://www.amazon.com)이나 드럭스토어(http://www.drugstore.com), 이베이(http://www.ebay.com) 쇼핑몰 이용이 훨씬 편해질 것입니다.

해외쇼핑은 어떻게 해야 할까요? 해외쇼핑을 하는 방법은 크게 3가지가 있습니다. 사용자가 직접 상품을 주문해서 국내로 직접 배송 받는 직접구매와 상품을 쇼핑몰이 있는 현지로 주문하고 배송을 대행하는 배송대행, 상품 주문과 배송을 모두 대행하는 구매대행 3가지 방법입니다. 각 방법마다 장단점이 있으므로 각 방법의 특징에 대해서 잘 살펴보도록 합니다.

국내 신용카드 사용 가능 유무	국내 배송 가능 유무	해외쇼핑 방법
○	○	직접구매, 배송대행, 구매대행 가능
○	×	배송대행, 구매대행 가능
×		구매대행만 가능

▲ 상황별 해외쇼핑 방법

직접구매

직접구매란 사용자가 해외쇼핑몰에 접속해서 직접 물건을 구매하는 방법을 말합니다. 직접구매를 하려면 해당 쇼핑몰에서 결제 가능한 신용카드를 가지고 있어야 하고 쇼핑몰이 국내까지 해외 배송을 해주어야 합니다. 이때 배송 비용이 무료이거나 $30 미만인 쇼핑몰은 구매대행이나 배송대행보다 저렴하게 물건을 구매할 수 있습니다.

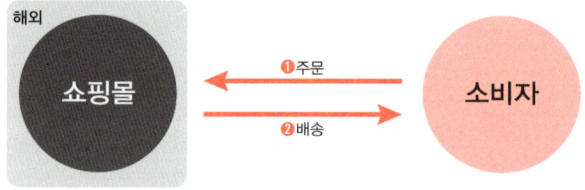

❶ 소비자가 쇼핑몰에 상품을 주문합니다.
❷ 쇼핑몰이 소비자에게 상품을 배송합니다.

배송대행

해외쇼핑몰에서 상품을 구매할 수는 있지만 국내까지 배송이 안 되거나 직배송료가 턱없이 비쌀 경우 배송대행을 이용합니다. 배송대행은 해당 나라에 배송업체가 상주하여 사용자가 구매한 상품을 대신 받아서 다시 국내로 보내주는 방식입니다. 해외쇼핑이 가장 활발하게 운영되는 미국에 배송대행업체가 가장 많고 다음으로 영국, 독일, 일본, 중국 등의 순으로 있습니다. Third party shipping company라고 부르는 배송대행업체는 배송대행지, 배송대행사라고도 하고 배대지 또는 배대사라는 줄임말을 사용하기도 합니다.

배송대행을 이용하면 통관 시 발생할 수 있는 문제를 줄일 수 있고 한국인이 운영하는 배송대행회사를 이용하기 때문에 해당 국가의 배송사를 이용하는 직접구매보다 배송 비용이 저렴할 수 있습니다.

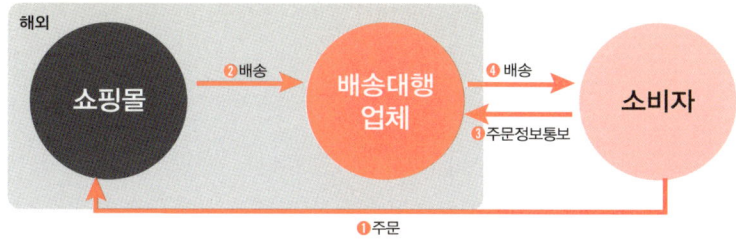

① 소비자가 쇼핑몰에 배송대행지로 상품을 주문합니다.
② 쇼핑몰이 배송대행지에 상품을 배송합니다.
③ 소비자가 배송대행지에 주문정보를 통보합니다.
④ 배송대행지는 소비자에게 상품을 배송합니다.

구매대행

국내에서 발행된 신용카드로 결제할 수 없는 쇼핑몰은 상품 구매를 대신해 주는 구매대행업체를 이용합니다. 구매대행 비용은 구매액의 2~10% 정도의 수수료와 국제배송료가 포함됩니다. 보통 배송대행사에서 구매대행 서비스도 같이 하며, 타 배송대행사를 이용하고 싶으면 미국 내 주소지를 알려주고 결제만 대행하는 결제대행 서비스를 받을 수도 있습니다.

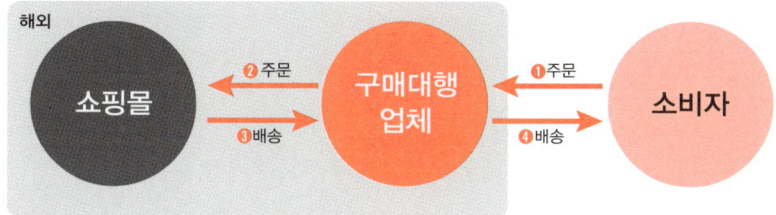

① 소비자가 구매대행업체에게 상품을 주문합니다.
② 구매대행업체가 쇼핑몰에 상품을 주문합니다.
③ 쇼핑몰이 구매대행업체에게 상품을 배송합니다.
④ 구매대행업체가 소비자에게 상품을 배송합니다.

구매대행은 대부분 온라인으로 거래를 의뢰하고 업체도 해외에 있는 경우가 많으므로 상품 주문 상황을 확인하거나 상품에 하자가 발생할 때 대처하기가 쉽지 않을 수 있습니다. 그러므로 구매대행 업체를 선정할 때 문의 답변을 빨리 처리해주는 곳인지 확인합니다.

03 배송대행업체 잘 선별하는 방법이 궁금해요

인터넷으로 '배송대행'이라고 검색하면 수많은 배송대행업체를 볼 수 있는데 이중에서 좋은 배송대행업체를 잘 선별하는 것이 중요합니다. 여기서는 배송대행업체를 선별할 때 기준이 되는 사항에 대해 알아보겠습니다.

묶음배송이 되는지 확인하세요

묶음배송이란 여러 개의 상품을 하나의 묶음으로 보내어 배송료를 줄이는 방법입니다. 배송비가 많이 부과되는 배송대행으로 해외쇼핑을 할 때는 반드시 묶음배송이 가능한지 알아보도록 합니다.

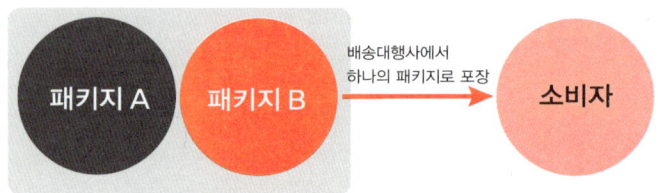

배송대행사에서
하나의 패키지로 포장

패키지 A 패키지 B 소비자

쇼핑몰 근처의 대행업체를 선택하세요

주문을 신청할 해외쇼핑몰의 위치와 배송대행업체의 위치가 가까운 업체를 선택하도록 합니다. 해외쇼핑몰과 가까운 곳이면 배송 시간을 단축시킬 수 있기 때문입니다.

세금이 부과되는 주를 확인하세요

미국은 상품에 대해 소비세(Sales tax)를 별도로 지불합니다. 소비세는 배송 주소가 소재한 주의 세법에 의해 상품 종류마다 다르게 적용됩니다. 세금 비율이 낮거나 세금이 없는 주에 배송대행업체가 있다면 세금 지출을 줄일 수 있습니다.

해당 쇼핑몰에 리셀러로 등록되어 있는지 확인하세요

해외쇼핑몰은 상품을 구매해서 전문적으로 되파는 리셀러(reseller)에 대한 단속을 많이 합니다. 다수 회원의 배송지가 한 곳으로 설정되어 있으면 리셀러로 판단하여 배송을 중지하기도 합니다. 그러므로 배송대행업체에 문의하여 해당 쇼핑몰의 주문 처리가 잘되는지 확인하도록 합니다.

 리셀러 단속 피하는 방법

배송대행업체는 리셀러 단속을 피하기 위해 배송지를 수시로 변경하기도 하고 리셀러 단속이 심한 쇼핑몰을 이용할 경우 보다 안전한 배송 주소를 알려주기도 합니다.

검품을 꼼꼼히 해주는 곳을 선택하세요

상품을 수령했는데 다른 상품이거나 불량품이면 반송을 해야 하는데 이때 배송대행지 또는 쇼핑몰까지 보내는 국제 우편요금이 발생할 수 있습니다. 쇼핑몰에서 국내까지 직배송을 받았다면 쇼핑몰에서 실수한 경우 반송하는 국제배송료를 쇼핑몰에 부담시킬 수 있지만, 배송대행을 이용했다면 해당 국가 내의 거주자에게 판매한 것과 동일하기 때문에 해당 국가 내의 반송비만 무료로 해주는 경우가 많습니다. 배송대행지에서 국내로 상품을 보내기 전 검품만 제대로 해준다면 반송을 위한 국제 우편요금 비용을 줄일 수 있습니다.

04 해외쇼핑몰에서 상품을 구매하는 방법이 궁금해요

해외쇼핑몰에 계정을 만듭니다

안전한 거래를 위하여 상품을 구매할 해외쇼핑몰에 회원가입을 합니다. 대부분 아이디, 비밀번호, 주소만 설정하면 되기 때문에 우리나라의 쇼핑몰의 회원가입보다 쉽습니다. 해외쇼핑몰에 회원가입을 하는 것이 계정(account)을 만드는 것입니다.

간혹 가입 시에는 주소를 입력하지 않는 쇼핑몰도 있습니다. 주소 입력은 빌링 주소(billing address) 즉, 비용을 지불하는 사람의 주소와 쉬핑 주소(shipping address) 즉, 물건을 받을 사람의 주소가 있는데 국제배송이 되는 곳은 쉬핑 주소에 본인의 집주소를 기재해야 하지만 국제배송이 되지 않는 곳은 쉬핑 주소에 배송대행지의 주소로 적어야 합니다.

상품을 고르고 주문합니다

상품을 주문할 때에는 물건값, 해당 국가 내 배송비, 해당 국가 내 소비세, 국제 배송비 등을 고려하여 가장 저렴한 곳을 찾아서 구매합니다. 그리고 저자가 운영하는 사이트에서 제공하는 할인쿠폰과 세일정보를 이용하면 보다 저렴한 가격으로 구매할 수 있습니다.

상품 결제할 때 신용카드를 이용하세요

해외쇼핑에서 상품을 결제할 때 신용카드를 이용하는게 좋습니다. 신용카드는 상품 결제 시 카드사에 승인 요청만 하고 상품을 받은 후에야 지급이 결정되므로 주문이 취소되더라도 매입이 되지 않으면 청구되지 않아 돈이 묶이는 일이 없습니다. 구글 월렛(구글 체크아웃)이나 페이팔도 신용카드를 이용하는 방식으로 과정이 비슷합니다. 그러나 체크카드는 상품 결제 후 바로 해당 금액은 은행에서 찾을 수 없는 금액으로 묶이게(holding) 되고 쇼핑몰에서 매입하지 않은 경우 통장에서 사용 가능금액으로 풀리기까지 30일 정도의 기간이 필요하므로 불편할 수 있습니다.

배송은 쇼핑몰의 국가 내 배송과 국제 배송으로 나누어집니다

해외쇼핑을 통해 상품이 발송되면 쇼핑몰은 택배사의 송장번호를 의미하는 배송추적번호(tracking number)가 기재되어 있는 배송알림 메일을 소비자에게 보내줍니다. 배송추적번호를 이용하면 해외쇼핑몰의 해당 국가 내에서 본인의 물건이 배송대행지까지 도착하는 과정을 확인할 수 있습니다. 배송알림메일을 받았을 때, 배송대행지에 본인의 물건이 도착할 것을 미리 알려주고, 물건이 도착했을 때 국내로 받을 주소와 국제배송비를 결제하면 됩니다.

 저자 운영 사이트

퍼니샤퍼 | http://www.funnyshopper.com
샵투 | http://www.shop2world.net
부자킹 | http://www.buzaking.com

05 해외에서 사용할 수 있는 카드는 무엇인가요

해외쇼핑몰에서 상품을 구매하려면 신용카드나 체크카드가 있어야 합니다. 여기서는 해외쇼핑몰에서 사용할 수 있는 신용카드와 체크카드에 대해서 알아보겠습니다.

해외 브랜드와 제휴된 신용카드

신용카드는 지정된 금액 한도 내에서 상품을 구매하거나 서비스를 이용할 때 현금 대신 비용을 지불하는 수단으로 결제 비용은 지정된 날짜에 청구되는 신용 판매 제도에 이용되는 카드입니다. 국내에서 발매되어 국내에서만 사용할 수 있는 국내 전용 카드와 해외 브랜드와 제휴되어 해외에서도 사용이 가능한 국내외 카드로 나누어집니다. 해외 브랜드에는 대표적으로 비자(Visa), 마스터(Master), 아메리칸 익스프레스/아멕스(American Express/Amex) 등이 있으며 신용카드에 제휴 브랜드 로고가 표시되어 있습니다.

▲ 비자 카드 로고   ▲ 마스터 카드 로고   ▲ 아메리칸 익스프레스 카드 로고

 신용카드 쿠폰 서비스

신용카드 브랜드마다 다양한 쿠폰 서비스를 제공하기도 합니다. 그러므로 상품을 결제할 때 사용하는 신용카드 브랜드에서 제공하는 서비스를 잘 확인하도록 합니다.

해외 브랜드와 제휴된 신용카드를 이용하면 대부분의 해외쇼핑몰에서 결제를 할 수 있습니다. 간혹 해외 브랜드와 제휴된 신용카드임에도 불구하고 빌링 주소가 해당 쇼핑몰이 있는 국가여야만 결제가 가능한 사이트도 있습니다. 이러한 경우 빌링 주소의 국가에서 발행된 신용카드만 사용할 수 있으므로 구매대행사를 이용해야 합니다. 다만, 아멕스 카드는 빌링 주소와 관계없이 결제가 가능한 쇼핑몰도 있습니다.

해외 브랜드와 제휴된 체크카드

체크카드는 신용카드와 동일하게 결제 서비스를 제공하지만 결제 후 바로 은행에서 대금이 빠져나가는 방식의 카드입니다. 해외쇼핑할 때 해외 브랜드와 제휴된 체크카드도 이용이 가능합니다. 단, 체크카드는 상품 구매 시 바로 결제가 되므로 주문의 진행이 안 되거나, 반품 처리할 때 환불 신청하고 재입금되는데 30일 정도 소요되므로 주의하기 바랍니다.

▲ 비자 브랜드의 '참신한' 신한체크카드

 청구지 주소를 해외로 설정하는 방법

청구지 주소(billing address)가 반드시 해당 쇼핑몰이 있는 국가의 주소지여야 하는 경우 결제하려는 카드사에 연락해서 청구지 주소를 해외로 설정할 수 있는지 확인해보기 바랍니다. 청구지 주소를 변경 신청하면 실제 카드 청구지 주소가 바뀌는 것이 아니라 카드사의 비고란(comment)에 주소지가 추가되는데, 이러한 작업만으로도 해외 청구지 주소로 인정해주는 경우가 간혹 있습니다.

↘

신용카드 이외에 금액을 미리 지불하고 지불한 금액만큼 상품 구매가 가능한 기프트카드를 이용해서 해외쇼핑을 이용할 수도 있습니다. 기프트카드는 크게 신용카드사에서 판매하는 선불카드(Prepaid gift card)와 상품권(Gift card)이 있습니다. 각 기프트카드의 특징에 대해서 알아보겠습니다.

선불카드(Prepaid gift card)

선불카드는 신용카드사에서 제공하는 서비스로 지정된 금액이 충전되어 있는 카드를 구매해서 충전 금액만큼 상품을 구매할 수 있도록 해주는 카드입니다. 해외쇼핑몰에서 결제를 할 때 선불카드 항목이 있다면 선불카드를 이용하여 상품을 구매할 수 있습니다. 국내에서 판매하는 선불카드는 해외쇼핑몰에서 결제할 수가 없으므로 비자, 마스터, 아멕스 등 해외 브랜드의 공식 홈페이지에서 판매하는 선불카드를 이용해야 합니다. 배송비나 발행수수료(handling fee)로 $5 내외의 비용이 발생하기도 하는데, 수수료를 줄이기 위해 카드 번호만 부여해주는 가상선불카드(virtual gift card)도 있습니다. 이 카드는 청구지 주소(billing address)를 미국으로 설정할 수 있기 때문에 국내에서 발급한 신용카드로 결제할 수 없는 해외쇼핑몰에서 사용할 수 있습니다. 선불카드를 재사용할 때 결제하려는 금액보다 잔액이 부족한 경우 재충전해서 사용할 수 있습니다.

▲ SC제일은행이 마스터카드와 제휴한 '캐시 패스포트' 선불카드(이 카드는 청구지 주소를 미국으로 설정할 수는 없습니다.)

상품권(Gift card)

상품권은 지정된 쇼핑몰에서 상품을 구매할 수 있도록 발행된 것으로 전자 상품권과 실물상품권이 있지만 온라인에서 사용이 가능하다면 어떤 상품권 이라도 상관없습니다. 상품권은 구매대행사를 이용하거나 이베이 또는 상 품권을 판매하는 쇼핑몰에서 액면가보다 저렴하게 구매할 수 있습니다. 상 품권의 장점은 해외 브랜드가 제휴된 신용카드로 결제할 수 없는 쇼핑몰에 서도 결제가 가능하다는 것입니다.

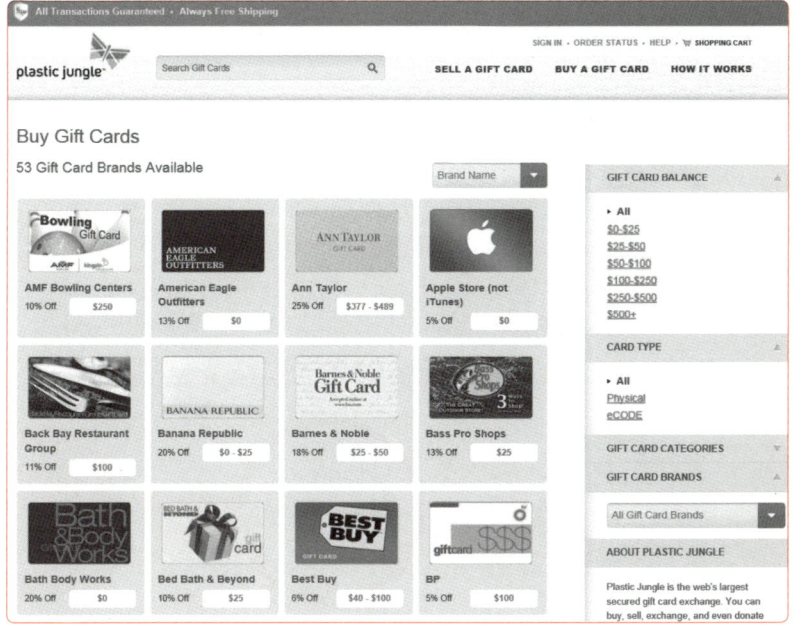

▲ 상품권 거래 쇼핑몰인 플라스틱정글(http://www. plasticjungle.com)에서 판매중인 상품권

신용카드나 기프트카드 이외에도 여러 가지 결제수단이 있는데 그 중에 대표적인 결제수단이 페이팔입니다. 페이팔은 이베이가 주 결제수단으로 채택하고 있는 서비스인데 이 시스템을 여러 쇼핑몰에서도 채택하여 사용하고 있고 계속해서 페이팔을 결제 수단으로 추가하는 쇼핑몰이 지속적으로 늘고 있습니다. 그만큼 쇼핑몰에서 신뢰하고 세계적으로도 대표적인 온라인 결제대행 서비스입니다.

PayPal™

페이팔 결제 시스템을 살펴보면, 구매자가 쇼핑몰에서 페이팔로 상품을 구매할 때 페이팔 계정에 잔고가 있으면 그 금액에서 결제가 이뤄지고 잔고가 없으면 페이팔에 등록해 놓은 신용카드에서 결제가 이루어집니다.

쇼핑몰은 왜 결제수단으로 페이팔을 채택하는 것일까요? 쇼핑몰은 구매가 발생할 때마다 구매자의 결제정보를 일일이 확인해야 하는데 이때 시간이나 비용적인 측면에서 어려움이 있습니다. 때문에 페이팔을 통해서 결제정보가 1차적으로 확인이 된 구매자를 선호하는 것입니다. 구매자는 페이팔에 카드 정보를 한 번만 등록하면 여러 쇼핑몰에 개인정보를 노출시키지 않아도 된다는 장점이 있습니다. 따라서 쇼핑몰에서 페이팔로 결제하면 쇼핑몰과 구매자 모두 안전성과 편리성을 확보할 수 있습니다.

페이팔의 수익은 거래 수수료입니다. 결제하거나 돈을 지불하는 사용자는 수수료가 없지만 돈을 받는 곳에서는 수수료를 지불합니다. 계정 간 돈을 주고 받으면 돈을 받는 사람이, 쇼핑몰 간 거래하면 돈 받는 쇼핑몰이 수수료를 지불합니다.

페이팔은 국가별로 계정을 신청할 수 있습니다. 국내에서는 한국 계정으로 신청을 하면 됩니다. 그런데 해외쇼핑몰에 따라서 미국 계정의 페이팔만 사용이 가능한 곳도 있습니다. 이런 쇼핑몰에서 상품을 결제하려면 미국 계정으로 페이팔을 신청해야 합니다. 이처럼 다른 국가의 페이팔 계정을 신청하는 것을 변태 페이팔이라고 하는데, 이 방법은 정상적인 방법이 아니므로 페이팔에서 사용 제한을 시켜 더 이상 페이팔을 사용하지 못하는 경우가 발생할 수 있으므로 주의해야 합니다.

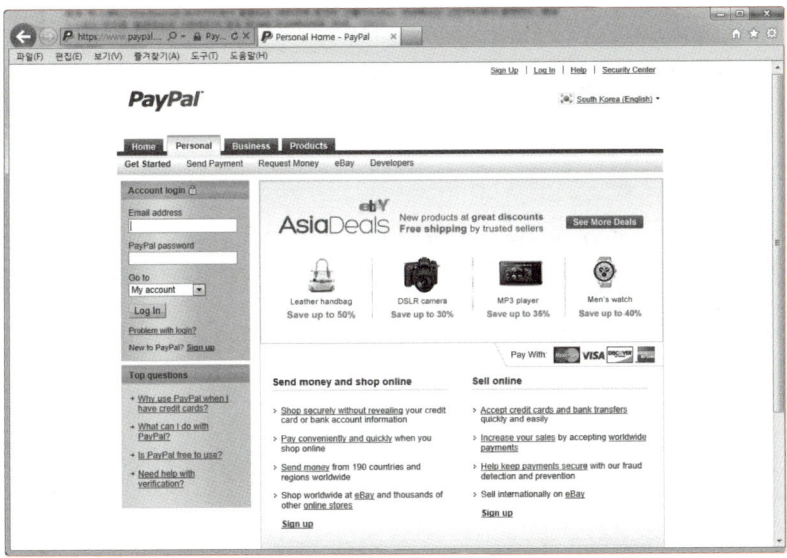

▲ [페이팔] 홈페이지 메인 페이지

08 페이팔에 회원가입하고 인증하는 방법이 궁금해요

페이팔을 사용하기 위해 한국 계정으로 페이팔 회원가입을 하는 방법, 페이팔에서 사용할 신용카드를 등록하고 인증을 받는 방법, 이중 환전 문제를 해결하기 위해 통화 방식을 변경하는 방법에 대해 알아보겠습니다.

한국 계정으로 페이팔 회원가입하기

1 | [페이팔] 홈페이지(http://www.paypal.com/kr)에 접속한 다음 회원가입을 하기 위해서 [Sign up] 버튼을 클릭합니다.

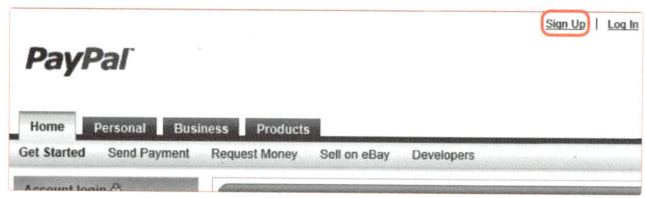

2 | [Your country or region] 항목에서 [South Korea]를 선택하고 [Personal] 항목의 [Get Started] 버튼을 클릭합니다.

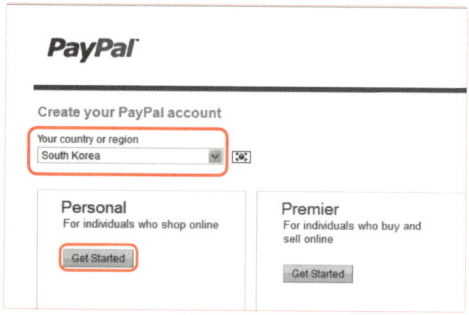

이베이 등에서 판매를 하고 싶은 경우 Premier를 선택합니다.

3 | 계정 정보를 입력하는 페이지가 열리면 각 항목에 내용을 영문으로 작성한 후 [Agree and Create Account] 버튼을 클릭합니다.

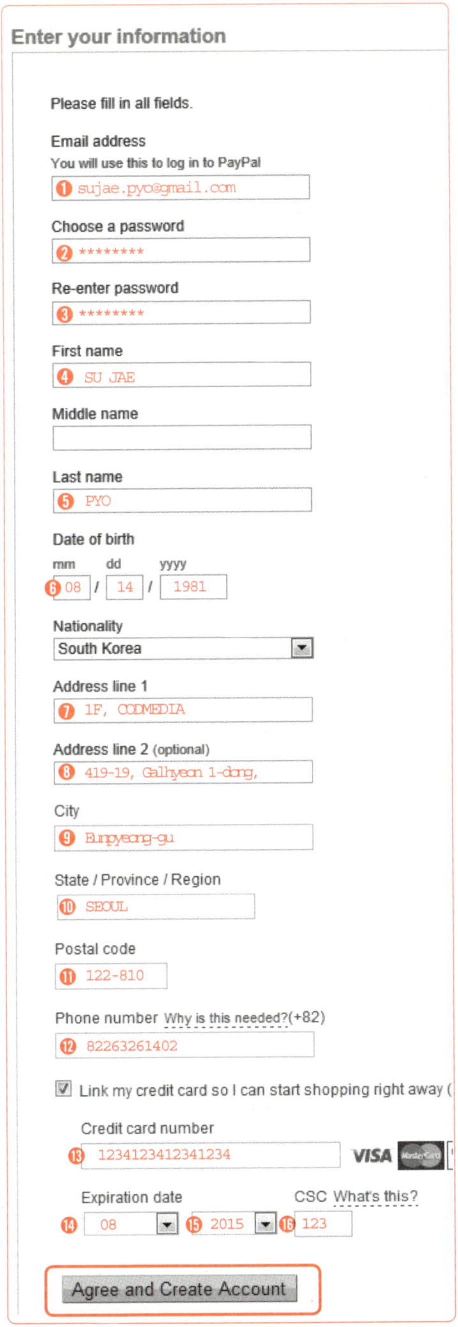

Enter your information

Please fill in all fields.

Email address
You will use this to log in to PayPal

❶ sujae.pyo@gmail.com

Choose a password

❷ ********

Re-enter password

❸ ********

First name

❹ SU JAE

Middle name

Last name

❺ PYO

Date of birth

mm   dd   yyyy

❻ 08 / 14 / 1981

Nationality

South Korea ▼

Address line 1

❼ 1F, CODMEDIA

Address line 2 (optional)

❽ 419-19, Galhyeon 1-dong,

City

❾ Eunpyeong-gu

State / Province / Region

❿ SEOUL

Postal code

⓫ 122-810

Phone number Why is this needed?(+82)

⓬ 82263261402

☑ Link my credit card so I can start shopping right away (

    Credit card number

⓭ 1234123412341234   **VISA** MasterCard

    Expiration date   CSC What's this?

⓮ 08 ▼ ⓯ 2015 ▼ ⓰ 123

[Agree and Create Account]

---

❶ 페이팔에서 사용할 이메일 주소를 입력합니다.
❷ 비밀번호를 입력합니다(8~10자리, 이름이나 이메일주소
   사용 금지, 글자/숫자/심볼 사용).
❸ 비밀번호를 재입력합니다.
❹ 신용카드에 있는 영문 이름을 적습니다.
❺ 신용카드에 있는 영문 성을 적습니다.
❻ 생일을 입력합니다.(월/일/연도)
❼ 상세 주소를 적습니다. 거주지의 건물명과 층수를 적습니다.
❽ 주소에서 동과 번지 정도를 적습니다. 배송시 우체부가 연
   락할 수 있는 전화번호를 01012341234 형식으로 입력해
   도 됩니다.
❾ 거주지의 시, 군, 구 등의 도시명을 적습니다.
❿ 주를 적습니다. 국내에서는 도나 특별시, 광역시를 입력
   합니다.
⓫ ZIP Code, Postal Code : 우편번호를 적습니다.
⓬ 전화번호를 적습니다. 국내는 국가번호 82와 지역번호에
   서 0을 뺀 나머지 번호를 적습니다. 02·123·4567 ·〉
   8221234567, 010·123·4567 ·〉82101234567
⓭ 신용카드 앞면에 있는 신용카드 번호를 띄어쓰기 없이 입
   력합니다.
⓮ 신용카드에 앞면 있는 유효기한의 월을 정확히 입력합니다.
⓯ 신용카드 앞면에 있는 유효기간의 연도를 정확히 입력합
   니다.
⓰ 신용카드 뒷면의 서명란에 적혀있는 숫자에서 맨 마지막 3
   자리 숫자를 입력합니다. AMEX 신용카드는 카드 앞면에
   Security code 4자리 숫자가 별도로 표시되어 있습니다.

 주소 입력 방법

[billing address]란 신용카드 청구지 주소로
카드사에 입력된 청구지를 적습니다. 페이팔 미
국 계정을 만드는 경우 [billing address]에 배
송대행업체에서 제시하는 청구지 주소를 입력
합니다.

4 | 계정 정보 입력을 완료하면 계정 아이디로 입력한 이메일로 확인 메일이 전송됩니다.
메일을 열고 [Activate My Account] 버튼을 클릭합니다.

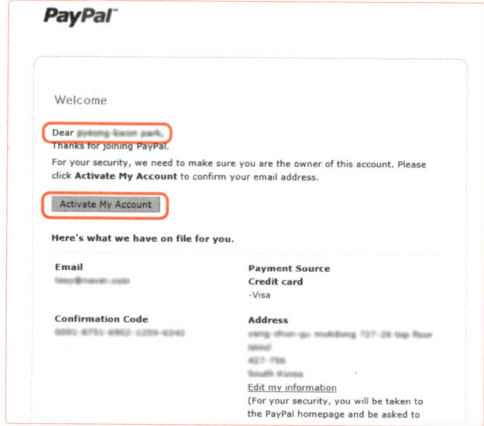

페이팔로부터 오는 메일은 'Dear 가입한 사람 이름'으로 메일 내용에 반드시 가입자의 이름이 들어갑니다. 가입자의 이름이 들어가 있지 않은 페이팔로부터 온 메일은 해킹메일이니 절대 링크 등을 클릭하지 않도록 하십시오.

5 | 페이팔 메일 확인 페이지가 열리면 페이팔의 비밀번호를 입력하고 [Login] 버튼을 클릭합니다.

6 | 계정 정보를 잊어버렸을 경우 본인 확인을 위한 질문과 답을 입력한 후 [Submit] 버튼을 클릭해서 인증을 완료합니다.

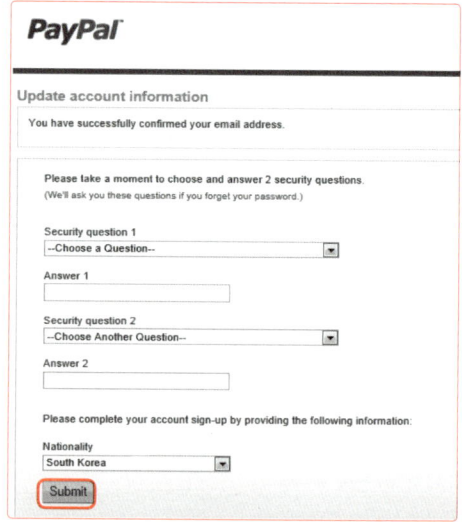

신용카드 인증하기

페이팔에 계정 신청을 했다면 계정 신청 때 사용한 신용카드를 인증하는 절차를 거쳐야만 정상적으로 페이팔 서비스를 이용할 수 있습니다. 여기서는 신용카드 인증 방법에 대해서 알아보겠습니다.

1 | [My Account] 탭에서 [Profile]–[Add/Edit Credit Card]를 클릭합니다.

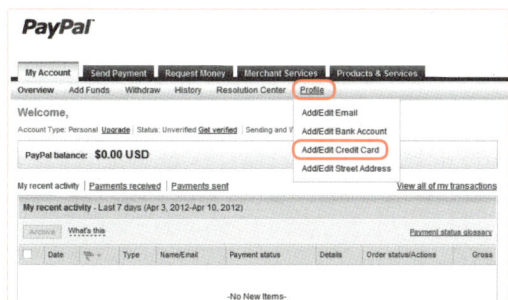

2 | 등록한 신용카드 목록이 나타나면 [Confirm My Card]를 클릭합니다.

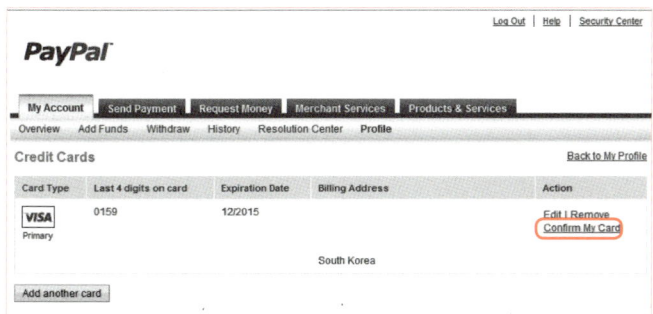

3 | 신용카드 인증 페이지가 나타나면 [Continue] 버튼을 클릭합니다.

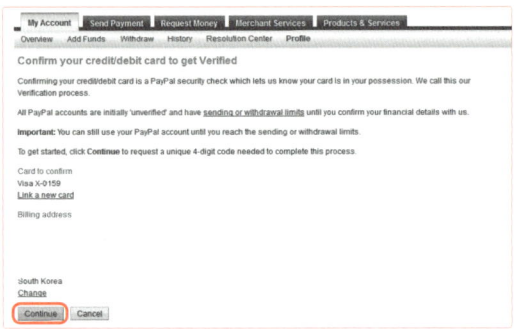

4 | 신용카드가 정상적으로 결제되는지 확인하기 위해서 $1.95 결제가 자동으로 요청됩니다. 이때 결제된 금액은 인증 완료 후 페이팔 잔액으로 충전됩니다.

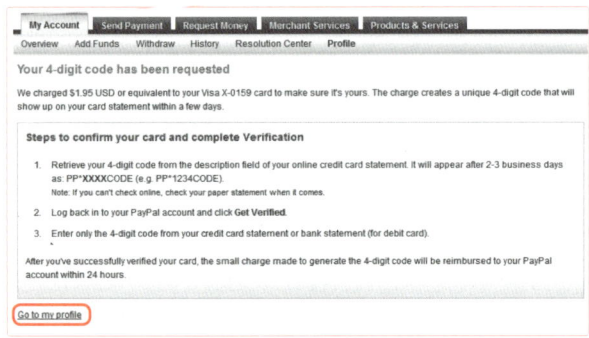

5 | 계정 설정 때 입력한 휴대폰으로 인증 코드가 발송됩니다.

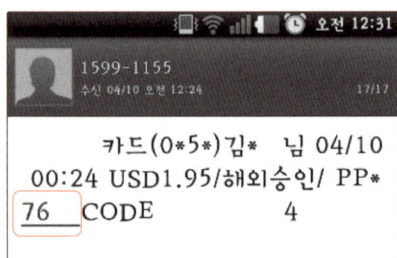

6 ｜ [My Account] 탭의 [Profile]−[Add/Edit Credit Card] 페이지에서 [Enter PayPal Code]를 클릭합니다.

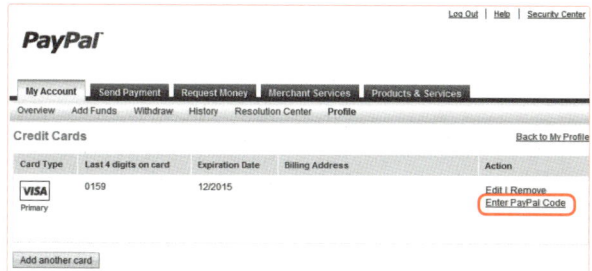

7 ｜ [Enter PayPal code]의 글상자에 휴대폰으로 발송된 4자리 숫자 코드를 입력한 후 [Confirm Card] 버튼을 클릭합니다.

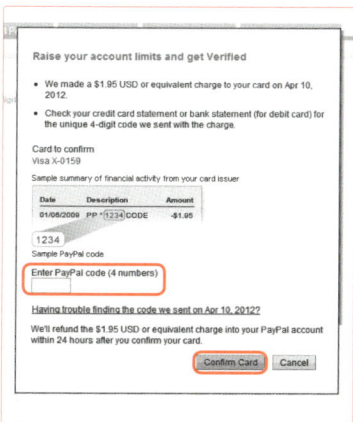

8 ｜ 정상적으로 인증 처리가 완료가 되면 다음과 같은 화면이 나타납니다.

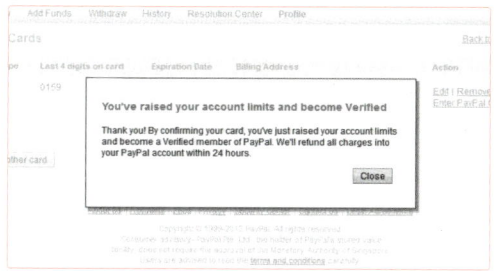

9 | [My account] 페이지에서 신용카드 인증 때 자동 결제된 $1.95가 환불되었는지 확인합니다.

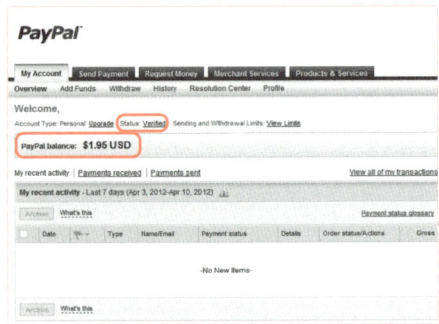

 미국 계정으로 신청하는 경우

미국 계정으로 페이팔을 신청하는 경우 신용을 쌓아두어야만 사용 제한이 되지 않습니다. 신용을 쌓기 위해 계정 신청 후 6개월 이내에는 되도록 사용하지 않도록 합니다. 만약 사용할 일이 발생하면 $100 미만의 소액 결제를 합니다. 그런 다음 조금씩 사용 금액을 늘려야 신용을 쌓을 수 있습니다. 또한 다른 페이팔 계정에 등록된 신용카드를 새로 만드는 페이팔 계정에도 등록하면 사용 제한을 당할 수 있으므로 주의해야 합니다.

페이팔 결제 단위 바꾸기

페이팔에서 결제 시 결제 통화 방식을 판매자 국가의 통화(Currency) 또는 구매자 국가의 통화(Currency) 중 하나를 선택할 수 있습니다. 이때 구매자 국가 통화인 원화(KRW)를 사용하게 되면 이중 환전 문제가 발생하기 때문에 주의해야 합니다.

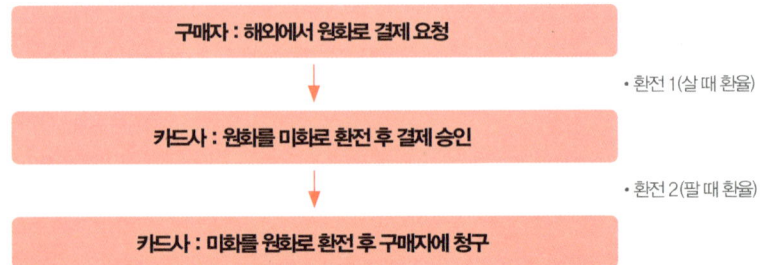

카드사는 해외에서 원화로 결제된 금액을 미화로 환전해서 결제 승인을 합니다. 그리고 구매자에게 청구할 때 다시 원화로 환전합니다. 환전은 살 때와 팔 때의 환율이 다르게 적용되는 데다 환전할 때 발생하는 취급수수료까지 더하면, 처음 결제 금액보다 많은 금액을 카드사에 지불하게 됩니다. 따라서 이런 문제를 해결하기 위해 페이팔에서 통화 결제 방식을 판매자 국가의 통화인 미화로 변경해야 합니다. 결제 단위는 페이팔에서 변경할 수도 있고 쇼핑몰에서 페이팔로 결제할 때 변경할 수도 있습니다. 페이팔에서 변경하는 방법은 다음과 같습니다.

1 ㅣ [My Account]-[Profile] 메뉴를 클릭한 다음 왼쪽 메뉴에서 [My money]를 클릭합니다.

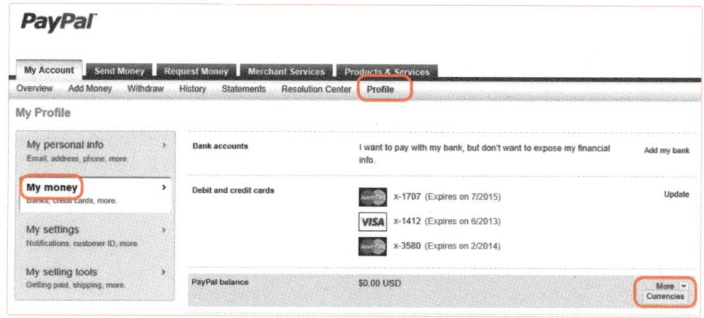

2 ㅣ [PayPal balance] 항목의 [Currencies]를 클릭하면 나타나는 [Manage Curren-cies] 페이지에서 [US Dollar(Primary)] 항목을 클릭해서 체크한 후 [Make Primary] 버튼을 클릭합니다.

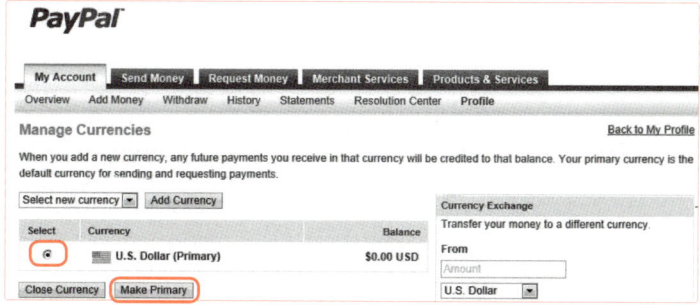

09 페이팔 잔고를 은행 계좌로 송금시킬 수 있어요

페이팔에 남아 있는 잔고는 [withdraw] 명령을 통해 자신의 은행계좌로 송금할 수 있습니다. 은행계좌로 송금하는 방법은 다음과 같습니다.

1 | [My Account] 메뉴를 클릭하면 잔고가 있을 경우 금액이 표시됩니다.

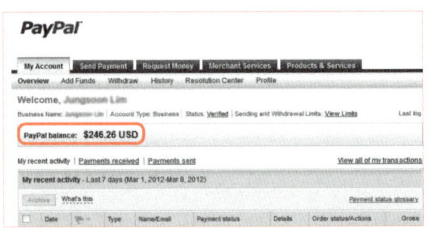

2 | [Withdraw] 메뉴를 클릭합니다. 한국 계정인 경우, 원화 15만원 이상이면 수수료가 면제되지만, 15만원 미만은 1,500원의 수수료가 부과됩니다. [Withdraw funds to your bank account]를 클릭해서 은행계좌로 잔고 보내기를 실행합니다.

3 | [Amount] 항목에 은행계좌로 보낼 액수를 적고, [To] 항목에 은행계좌를 선택합니다. 은행계좌가 없다면 [Add Bank Account]를 클릭하여 은행계좌를 등록합니다.

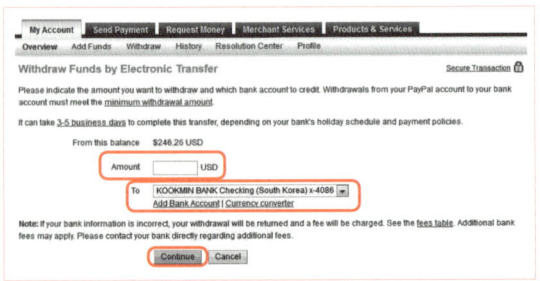

4 | 은행계좌를 등록하는 화면은 다음과 같습니다. [see bank codes]를 클릭하면 나타
나는 국내 은행 코드표에서 사용할 은행 코드를 찾아서 입력합니다.

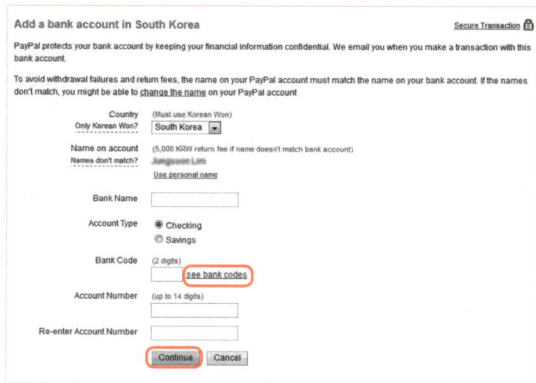

은행 정보를 잘못 입력하여 송금이 완료되지 못하면 수수료 5,000원이 부과되므로 주의합니다.

5 | 은행코드와 이름과 계좌번호를 입력한 후 [Save] 버튼을 클릭합니다.

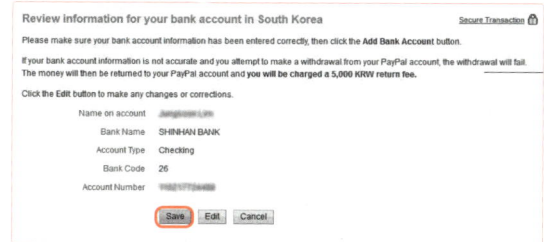

6 | 받을 금액과 은행을 선택한 후 [Continue] 버튼을 클릭합니다.

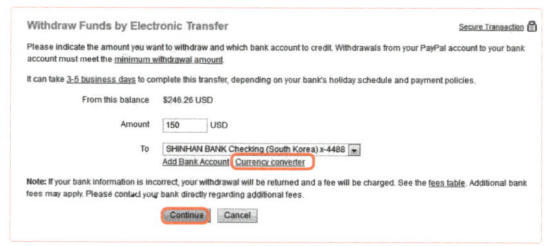

[Currency converter]를 클릭해서 환전 비율을 확인할 수 있습니다.

7 | 입력 정보를 다시 확인한 다음 [Submit] 버튼을 클릭합니다.

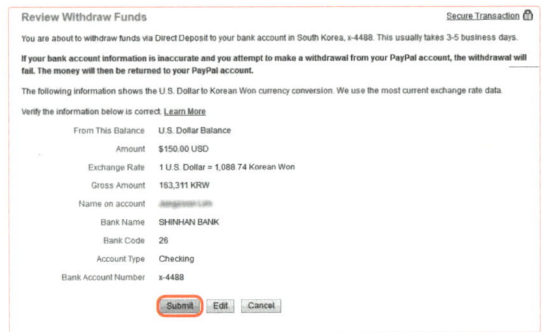

8 | 완료되면 전자송금을 접수 받아서 진행중이라는 메시지가 나타납니다.

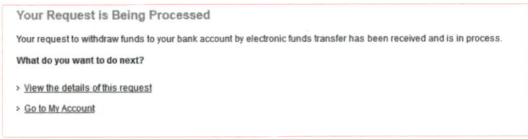

 은행 송금 기간

잔액을 은행 송금시킨 후 실제 입금이 되는 데 약 3~5일 소요됩니다. 주말을 제외한 영업일(business day) 기준이므로 주말이 포함되면 약 1주일 정도 걸릴 수 있습니다.

구글 월렛은 구글에서 만든 결제대행 서비스예요

구글 월렛(Google Wallet)은 구글에서 만든 결제수단으로 페이팔 다음으로 가장 많이 사용하는 온라인 결제대행 서비스입니다. 많은 사람들이 구글 결제수단을 구글 체크아웃으로 알고 있지만 최근 브랜드 이름을 구글 월렛(Google Wallet)으로 변경하였습니다.

구글 월렛은 지메일(Gmail) 계정에 결제정보를 입력해서 사용하면 됩니다. 구글 월렛으로 주문한 것은 구글 월렛에 로그인하면 [transactions] 메뉴에서 주문정보와 배송정보를 확인할 수 있습니다.

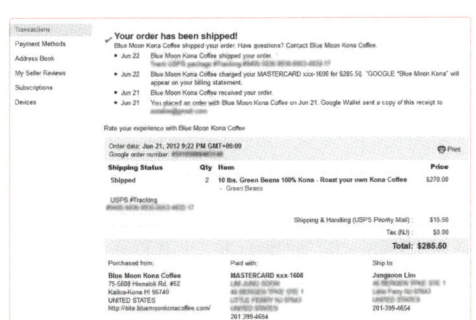

 구글 월렛 결제 사이트

커피농장인 블루문코나커피(http://site.bluemoonko-nacoffee.com)는 결제수단으로 구글 월렛만 채택하고 있습니다.

11 구글 월렛 계정 만들고 인증 받는 방법이 궁금해요

구글 월렛을 사용하기 위해 구글 월렛 계정을 만드는 방법과 신용카드를 등록하고 인증 받는 방법에 대해 알아보겠습니다.

1 | [구글 월렛] 홈페이지(https://accounts.google.com)에 접속한 다음 지메일(Gmail) 계정으로 로그인을 합니다.

2 | 신용카드 정보를 모두 입력한 후 [동의 및 추가하기] 버튼을 클릭하면 구글은 신용카드 정보가 유효한지 $1를 승인요청합니다. 이때 실제로 청구가 되지는 않습니다.

▶ 계정 정보 입력
❶ 대한민국(KR)을 선택합니다.
❷ 신용카드 또는 직불카드 앞면에 있는 번호를 입력합니다.
❸ 신용카드 앞면 유효기간 월/연도를 입력합니다.
❹ 신용카드 뒷면 서명 부분에 있는 맨 뒷자리 숫자 3자리를 입력합니다.
❺ 주소를 입력합니다.
❻ 신용카드에 있는 영문 이름과 연락처를 입력합니다.
❼ 우편번호를 입력합니다. ('−' 포함)

3 | 구글 월렛 계정이 만들어지면 다음과 같은 화면이 나타납니다.

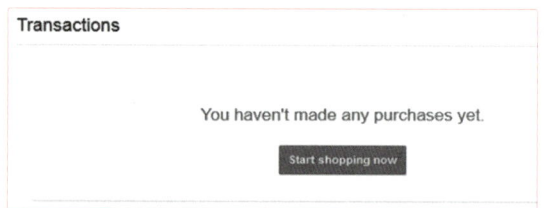

address book에 미국 주소를 추가하면 결제할 때 배송대행으로 이용할 수 있습니다.

 페이팔과 다른 점

페이팔처럼 잔액을 가지거나 하는 기능은 없습니다.

해외쇼핑을 하기 위해서는 영어를 할 줄 알아야 합니다. 하지만 영어사전을 뒤적여가며 열심히 영어공부를 하지 않아도 abcd만 알아도 충분히 해외쇼핑을 할 수 있는 방법이 있습니다. 여기서는 보다 편하게 영어를 이용할 수 있도록 영문 주소 찾기, 영문 번역, 영문 홈페이지 번역, 해외 시간 표시하는 방법들에 대해서 알아보겠습니다.

인터넷으로 영문 주소 찾기

1 │ [우정사업본부] 홈페이지(http://www.koreapost.go.kr)에 접속한 다음 오른쪽 메뉴에서 [우편번호(도로명/지번주소)]를 클릭합니다.

2 │ 도로명 또는 지번 주소를 선택해서 주소를 입력하고 [검색] 버튼을 클릭합니다.

3 │ 검색 목록에서 해당 주소의 [영문보기] 버튼을 클릭합니다.

외국 홈페이지 한글로 보기

1 | [인터넷 익스플로러]를 실행한 후 [Chrome] 홈페이지(https://www.google.com/chrome)에 접속한 후 [Chrome 다운로드] 버튼을 클릭해서 [크롬] 브라우저를 설치합니다.

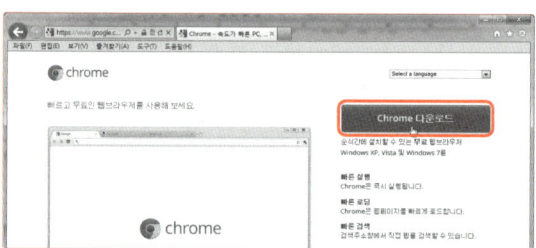

2 | 설치가 완료되면 [크롬] 브라우저를 실행한 후 한글로 보고 싶은 외국 홈페이지에 접속합니다.

3 | 빈 영역을 마우스 오른쪽 클릭한 후 [한국어(으)로 번역]을 클릭합니다.

4 | 잠시 후 영문이 한글로 번역된 페이지가 나타납니다.

영문을 한글로 번역하기

1 | 웹페이지 검색 중 영문을 한글로 번역하고 싶은 글을 마우스로 드래그해서 블록을 설정한 후 [Ctrl]+[C]를 눌러 복사합니다.

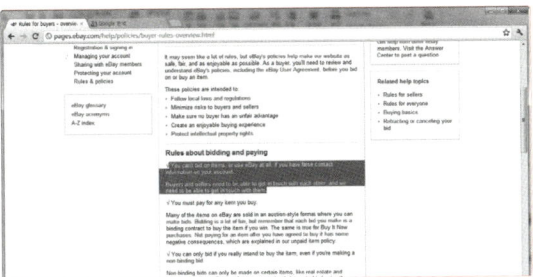

2 | [Google 번역] 홈페이지(http://translate.google.com)에 접속해 왼쪽 글상자를 클릭한 후 [Ctrl]+[V]를 눌러 복사한 글을 붙여 넣습니다.

3 | 잠시 후 오른쪽 창에 번역된 글이 표시됩니다.

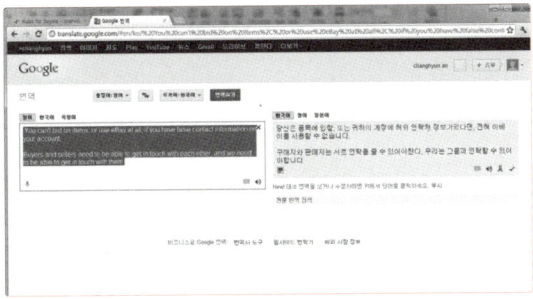

전체 페이지 번역

왼쪽 글상자에 영문으로 된 페이지의 URL만 입력하고 [번역하기] 버튼을 클릭하면 전체 페이지가 번역됩니다.

외국 시간 알아보기

1 | 윈도우의 알림판에서 시계 표시 영역을 클릭하면 나타나는 날짜 및 시간 정보 창에서 [날짜 및 시간 설정 변경]을 클릭합니다.

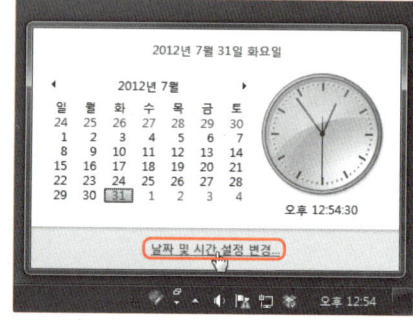

2 | [날짜 및 시간] 대화상자의 [추가 시계] 탭에서 [시계 표시] 항목을 체크하고 [표준 시간대 선택]의 내림 버튼을 클릭해서 표시하고 싶은 지역을 선택하고 [표시 이름 입력]에 이름을 입력한 후 [확인] 버튼을 클릭합니다.

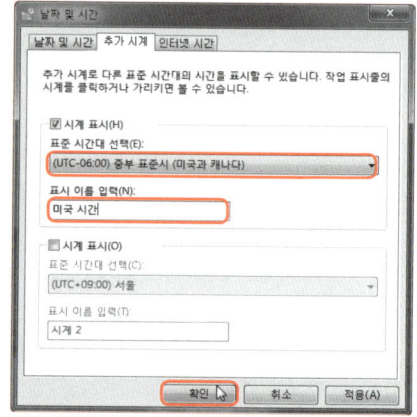

3 | 알림판의 날짜 및 시간 영역을 클릭하면 추가한 지역의 날짜와 시간 정보가 표시됩니다.

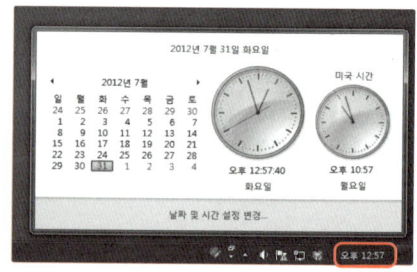

미국의 동부표준시(EST)는 우리 시간 오후 2시에 0시가 되고, 중부표준시(PMT)는 오후 5시에 0시가 됩니다. 썸머타임(Summer Time)이 적용되는 하절기에는 1시간씩 빠른 오후 1시, 오후 4시가 0시 기준입니다. 쿠폰이나 세일의 적용시간이 0시 기준으로 변경되므로 참고하세요.

13 해외는 상품 사이즈 표기 방법이 달라요

해외쇼핑으로 의류, 신발 등 나라별 사이즈 표기가 다른 상품들은 상품을 구매할 때 해당 상품의 사이즈 규칙을 잘 알아두도록 합니다. 여기서는 사이즈 표기가 있는 의류, 신발, 그릇, 침구류를 중심으로 사이즈를 확인하는 방법에 대해서 알아보겠습니다.

여성 의류

미국은 의류 사이즈를 숫자 또는 문자로 표기합니다. 여성의류의 경우 숫자는 0부터 2씩 증가하고, 문자는 XS, S, M, L, XL 식으로 증가합니다. 국내 사이즈와 비교하면 다음과 같습니다. 마른체형인데 국내사이즈 55를 입는다면 XS를 선택하면 됩니다.

국내 표시	44	55	66	77	88
숫자 표기법	0	2	4	6	8
문자 표기법	XS	S		M	

 기타 사이즈

- 빅 사이즈를 표기하는 X 사이즈 표기법도 있습니다. X 사이즈는 1X~6X까지 분류되어 있어서 59인치의 허리 사이즈도 표시할 수 있습니다. 1X는 XL로 표기하기도 합니다.
- 주니어 사이즈는 1로 시작되어 2씩 증가하여 홀수로 나가며, 1은 여성 사이즈 0과 2 사이의 사이즈입니다. 문자 사이즈는 일반 여성 사이즈보다 한 사이즈씩 크게 선택하면 됩니다.

여성 속옷

여성 상의 속옷은 국내와 마찬가지로 가슴둘레와 컵 사이즈로 표기합니다. 가슴둘레 사이즈의 경우 국내는 70부터 시작해서 5씩 증가하고, 미국은 32부터 시작하며 2씩 증가해서 표시합니다. 컵 사이즈는 국내 사이즈보다 한 사이즈 작게 표시합니다. 국내 사이즈가 80B라면 미국은 36A가 됩니다.

가슴둘레 사이즈	국내	70	75	80	85
	미국	32	34	36	38

컵 사이즈	국내	A	B	C	D
	미국		A	B	C

하의 속옷은 S, M, L 형식의 문자 표기법과 4~11의 숫자 표기법이 있습니다.

국내 표시 °	90~95	100~105	105 이상
문자 표기법	S	M	L
숫자 표기법	4	5	6

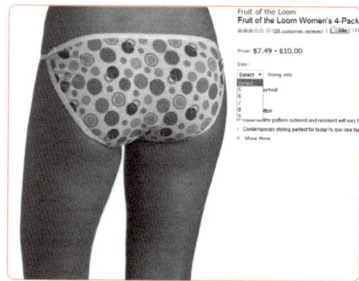

남성 의류 사이즈

남성 상의는 가슴둘레를 기준으로 문
자 표기법으로 사이즈를 다음과 같이
표시합니다.

국내 표시	95	100	105	110
가슴둘레(인치)	38	40	42	44
문자 표기법	S	M	L	XL

남성 하의 사이즈도 국내 사이즈와 비슷하여 허리 사이즈를 기준으로 인치
또는 문자로 표시합니다. M은 허리 32인치 정도이며 이보다 작으면 S, XS 사
이즈이고 크면 L, XL, XXL로 표시합니다.

하의는 다리 길이도 함께 표시하는 경우가 있습니다. 이때는 허리 사이즈
×다리 사이즈로 표시합니다. 다리 사이즈는 키가 170Cm면 30L, 175Cm면
31L, 180Cm면 32L이 적당합니다.

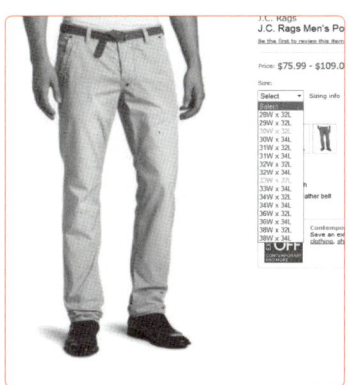

아동 의류 사이즈

아동 의류 사이즈는 개월 수와 나이는 꼭 맞게 입히는 경우, 나이를 만으로 계산해서 선택합니다. 개월은 M, 연은 T 또는 yrs로 표시합니다. 12개월 된 아이는 12M, 24개월 된 아이는 24M 또는 2T, 2yrs로 표시합니다. 5세 이상이 되면 문자 사이즈를 사용하여 XS가 보통 4~5세, S가 6~7세, M이 8~10세, L이 12~14세, XL이 16~18세 정도 됩니다. 이는 가이드라인일 뿐 입는 사람의 체격에 따라 사이즈를 고르면 됩니다. 노스페이스나 콜롬비아 등 아웃도어 의류의 경우 XL이 18~20으로 되어있는데 XL 사이즈는 여성 66까지 입을 수 있습니다.

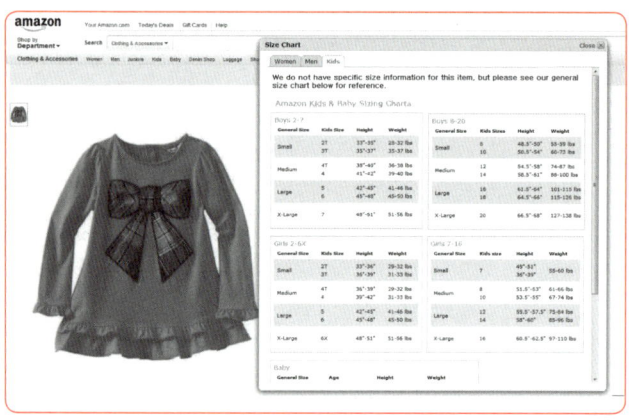

 [한나앤더슨] 사이즈 표시

[한나앤더슨] 쇼핑몰(http://www.hannaanderson.com)의 경우 사이즈가 키로 표시되어 있습니다.

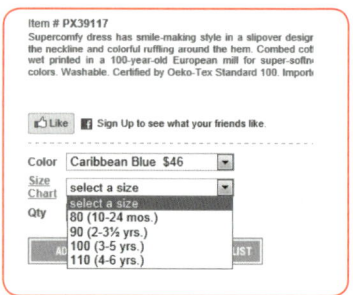

신발 사이즈

신발 사이즈는 US(미국), EU(유럽), UK(영국), JP(일본) 단위로 구분할 수 있습니다. 보통 한국에서 사용하는 mm 단위는 JP 사이즈로 확인하면 됩니다. 미국(US)은 한 자리, 유럽(EU)은 두 자리로 사이즈를 표기합니다. 예를 들어 230mm는 US 사이즈로 여성 6, EU 사이즈로 36입니다.

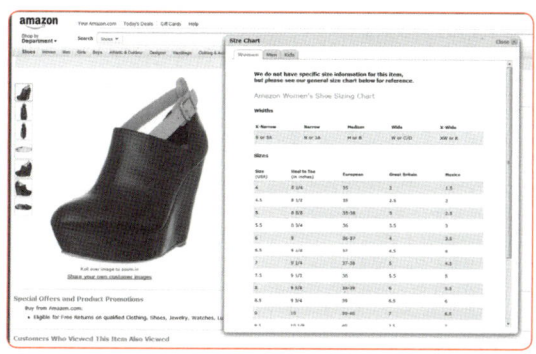

신발 사이즈 조견표 참고 : http://www.funnyshopper.com/gn/bbs/board.php?bo_table=size&wr_id=10

신발의 볼 사이즈는 영문 이니셜로 표기되어 있습니다. 다음 영문 이니셜을 참조하여 자신에게 맞는 볼 사이즈를 선택합니다. 예를 들어 여성의 발 사이즈가 230mm일 경우 보통은

6M, 좁은 발은 6N이나 6A, 넓은 발은 6E나 6W를 선택합니다.

좁음	Narrow	3A, AAA, 2A, AA, B, N, C, S
보통	Medium	D, M
넓음	Wide	E, W
무척 넓음	Extra Wide	2E, EE, WW, XS, 3E, EEE, 4E, EEEE

보통 신발 사이즈에서 사용하는 mm 단위는 발의 앞부터 뒤꿈치까지 실제로 측정한 사이즈입니다. 유이용 신발을 구매할 때는 실측 사이즈로 선택하는 것이 좋습니다.

침구류 용어 및 침대 사이즈

미국에서는 침대 사이즈를 다음과 같이 표시합니다. 매트리스 또는 침대 커버 등의 용품을 구매할 때 다음 사이즈를 참조해서 구매합니다.

한국	미국
Single (약 100×200cm)	Twin
Double (약 140×205cm)	Full
Queen (약 150×205cm)	Queen
King	King

침구류 용어

Fitted Sheet	매트리스 커버
Flat Sheet	네모난 홑겹천
Comforter	두툼한 차렵이불을 뜻하며, 솜이 분리되지 않음
Sheet Set	Fitted sheet 1장, Flat sheet 1장, Pillow case 2장(트윈은 1장)으로 구성
Duvet Covet	이불솜을 넣을 수 있는 이불커버
Quilt	솜을 얇게 넣고 누빈 이불
Bed Skirt	매트리스 아랫부분(침대 아랫부분)을 가려주는 역할
Bed Spread	침대 덮개 형식으로 이불 대용으로 쓰기도 함

베개

Standard Pillow Case	자루형 베개
Standard Pillow Sham	지퍼/만두형 베개
European Sham	날개형 또는 러플형 (보통 정사각형)

침구류의 경우 특급호텔용, 오리털(duck down), 거위털(goose down) 이불이 시즌에 따라 70%까지 세일하는 경우가 있습니다. 침구류는 부피가 크기 때문에 부피무게를 적용하지 않는 배송대행사를 이용하는 것이 좋습니다.

한식용 그릇 사이즈

한식용 그릇은 그릇의 지름 사이즈 5인치를 기준으로 합니다. 5인치 이하의 보울(bowl)은 밥그릇, 그 이상의 보울은 주로 국그릇으로 사용할 수 있습니다. 많은 브랜드가 라이스 보울(rice bowl)이라는 이름으로 판매하는데 사이즈를 잘 살펴봐야 합니다.

여기서는 그릇 브랜드로 유명한 레녹스와 포트메리온을 기준으로 한식용 밥그릇 사이즈를 알아보겠습니다. 레녹스 브랜드의 그릇을 기준으로 한식 밥그릇용 사이즈는 지름 길이가 4.75인치($4\frac{3}{4}$Inch)이며 용량은 8온스입니다. 보통 디저트 보울(Dessert bowl)이라는 이름을 사용합니다. 한식 국그릇용 사이즈는 지름 길이가 6.25인치($6\frac{1}{4}$Inch)가 적당합니다. 좀 더 깊은 국그릇을 사용하려면 지름 길이가 6.75인치($6\frac{3}{4}$Inch)를 사용합니다.

 보울 용량

1온스는 약 30ml입니다.

포트메리온 브랜드에서 한식 밥그릇용은 5인치 후르츠보울 또는 라이스보울이라는 이름으로 판매합니다. 이 모델은 아시아인을 위해서 아시아 지역에서만 판매한다는 소문도 있습니다. 한식 국그릇용은 5.5인치 후루츠보울이라는 이름으로 판매합니다.

 그릇 알뜰 구매 요령

레녹스, 포트메리온, 빌레로이 앤 보흐 등과 같이 인기 브랜드의 그릇은 해외의 백화점 자체 세일을 이용하면 국내 백화점이나 인터넷과 비교하여 50% 이상 저렴하게 구매할 수 있습니다.

14 사기 예방을 위해 미리 체크해요

해외쇼핑몰 중에는 사기 사이트도 많이 있습니다. 이러한 사이트는 가짜 상품을 보내거나 신용카드 정보를 수집하기 위해서 주문만 받는 등의 행위를 합니다. 사기 사이트에 속지 않으려면 다음 체크리스트를 참조하여 사기 사이트 여부를 감별하도록 합니다.

쇼핑몰 정보가 없다!

정상적인 쇼핑몰이라면 업체의 주소, 전화번호, 이메일이 정확히 나와 있습니다. 쇼핑몰의 [Contacts us]나 [About us] 메뉴를 클릭해서 쇼핑몰 정보가 표시되어 있는지 확인합니다.

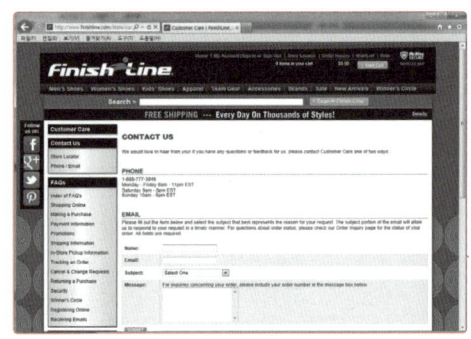

▲ 연락처와 주소 정보를 소개하고 있는 [피니쉬 라인] 쇼핑몰(http://www.finishline.com)

반송 주소가 없다!

반송 주소란 반품 처리한 상품을 받을 수 있는 주소를 말합니다. 정상적인 사이트는 반송 주소(Return address)가 명기되어 있거나 반품 운송장(return label)을 발행할 수 있는 방법을 안내하거나 반품 운송장 발행을 위한 연락처가 있습니다.

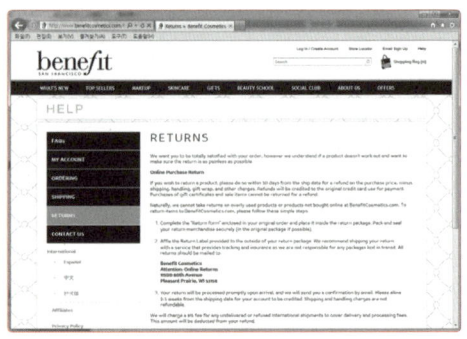

▲ 상품 반송에 대한 정보를 소개하는 [베네피트 코스메틱스] 쇼핑몰(http://www.benefitcosmetics.com)

반품 처리 시 이해할 수 없는 수수료를 청구한다!

정상적인 사이트의 경우 주문 취소에 대한 수수료는 거의 받지 않습니다. 수수료 정도라고 해봐야 주문 후 시간이 경과하여 리턴할 경우 반품 배송료를 내는 정도입니다.

상품 금액이 너무 저렴하다!

너무 저렴하게 판매하는 쇼핑몰이 있다면 검색 사이트를 이용하여 해당 사이트명과 replica, fake 단어를 결합하여 검색해 봅니다. 검색 자료 중 해당 사이트에서 구매했더니 가짜가 왔다는 등의 후기가 다수 보인다면 사기 사이트일 확률이 높습니다.

도메인 소유주 국가와 실제 쇼핑몰 운영 국가가 다르다!

사기 사이트는 미국, 영국 등의 해외쇼핑몰이 활성화되어 있는 나라에서 운영하지도 않으면서 마치 그 나라에서 운영하는 쇼핑몰처럼 꾸며 놓는 경우가 많습니다. 그러므로 사기 사이트로 의심이 든다면 [Whois] 홈페이지(http://www.whois.com)에 접속한 후 도메인 이름을 입력하고 [Search Now] 버튼을 클릭해서 소유주 정보를 확인해 봅니다. 도메인 등록 시 쇼핑몰 운영 국가도 속이는 경우가 많으므로 100% 믿을 수는 없지만 참고할 수 있습니다.

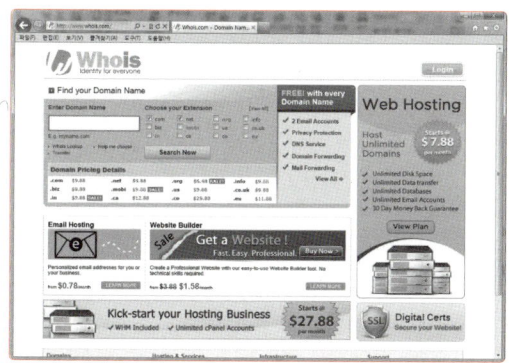

▲ 쇼핑몰 소유주 정보를 확인하는 [후이즈] 홈페이지(http://www.whois.com)

유명 브랜드 재판매 사이트다!

유명 브랜드를 재판매하는 공식 온라인 재판매 사이트(online retailer)라고 소개되어 있는 경우 해당 브랜드의 공식 홈페이지에 접속해서 공식 판매처인지 확인해 봅니다. 사기 사이트는 신뢰도를 얻기 위해서 공식 온라인 재판매 사이트임을 허위로 사용하는 경우가 많습니다.

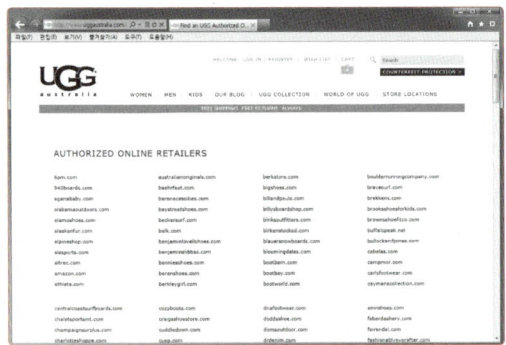

▲ 어그오스트레일리아 온라인 리테일러

미국 쇼핑몰의 프라이스매치(Price match), 프라이스 개런티(Price guarantee) 라는 제도를 이용하면 정말 싼 가격에 물건을 구매할 수 있습니다. 프라이스 매치란 최저가격보상제로 같은 물건을 더 싸게 파는 사이트가 있으면 그 사이트와의 차액보다 10%~15% 정도 비용을 지불해주는 제도이고 프라이스 개런티는 더 싸게 파는 곳이 있다면 그 가격에 맞춰서 차액을 환불해주는 제도입니다. 최근에는 프라이스매치를 이용하는 소비자들의 증가로 인한 쇼핑몰의 불황으로 프라이스매치를 차액보다 더 주지는 않고 차액만 환불해주는 추세입니다.

프라이스 매치 제도를 적용하려면 구매한 쇼핑몰보다 더 저렴하게 파는 쇼핑몰에 동일한 옵션으로 파는 동일한 제품이 있어야 합니다. 사이트 정책에는 나와 있지 않지만 백화점 사이트의 경우 이미 주문한 것보다 더 싸게 파는 곳을 찾았으니 주문을 취소한다고 하면 상품을 할인해주기도 합니다.

상품을 구매한 뒤에 구매할 때는 없었던 할인쿠폰이 생기거나 할인된 가격으로 판매하는 사이트가 있다면 자신은 더 비싸게 산 것처럼 느껴집니다. 이러한 경우를 대비해서 쇼핑몰에는 가격조정 기간을 두고 있습니다. 가격 조정(Price adjustment)은 주문 후 또는 배송 시작 시부터 일정 기간 이내에 구매자가 지금 이렇게 사면 더 싸다고 가격 조정을 요청하면 그 차액만큼 환불을 해주는 제도로 보통 주문 후, 7~30일 정도의 기간 이내에 가격 조정을 요청해야 합니다. 쇼핑몰마다 그 정책이 다르기 때문에 가격조정을 요청하기 전에 확인하기 바랍니다.

가격 조정만 잘 해도 배송비 한 번은 아낄 수 있기 때문에 가격조정을 잘 받기 위해 아래 규칙을 지키기 바랍니다.

주문 당시의 장바구니를 보관한다

주문내역(Order history)에 보면 나오기도 하지만 해당 상품의 링크를 제공하는 샵이 있고 제공하지 않는 샵이 있으므로 구매 당시의 장바구니를 이메일이나 블로그 같은 데에 링크까지 복사를 해두는 게 좋습니다.

쇼핑몰의 가격 조정 기간을 확인한다

어떤 쇼핑몰은 7일이고 어떤 쇼핑몰은 30일입니다. 가격조정이 가능한 기간은 쇼핑몰마다 모두 다릅니다. 따라서 쇼핑몰의 가격조정 기간을 확인했다가 그 기간 내에 가격조정을 요청하세요.

가격조정 기간 동안 가격 변동이 있는지 확인한다

구매하고 난 뒤에는 가격의 변동이 있는지 하루에 한 번은 확인합니다. 아마존 같은 경우엔 24시간 동안 세일하는 경우가 많습니다. 그래서 가격 변동을 잘 파악했다가 요청하고 가격이 더 비싸지기 전에 차액을 돌려받아야 하니까 가격감시가 필요합니다. 아마존은 가격조정을 잘 해주는데 항상 많은 물건을 최저가로 팔다보니 이로 인해서 손해가 심했다고 합니다. 그래서 현재는 배송되기 전까지만 가격조정을 해줍니다.

가격조정 요청은 반드시 help나 Customer service를 이용한다

가격조정은 [Order complete email]에 답변으로 요청하는 경우가 많지만 사이트의 Help page에서 작성하거나 Customer service로 요청하는 것이 더 빠르고 정확합니다.

가격조정 요청에 들어가야 할 사항

가격조정 요청에는 주문번호(Order number), 상품에 대한 사항, 구매한 가격과 현재 가격을 제시하고 차액을 계산해서 작성합니다. 그래야 돌려받을 가격도 확인이 가능합니다.

↘

세일 관련 용어 알아두기

해외쇼핑을 할 때는 쿠폰이나 세일 등 다양한 할인 서비스를 이용할 수 있습니다. 그런데 쿠폰이나 세일을 모른다면 이용할 수 없겠죠. 여기서는 세일을 이용하는 방법을 알아보기 전에 관련된 용어에 대해서 살펴보겠습니다.

- **2 for 1 또는 bogo free** : 2개의 상품을 구매하면 1개 값은 할인해줍니다.
- **4 for 3** : 4개의 상품을 구매하면 가장 저렴한 상품 1개 값은 할인해주거나 동일 제품 4개를 구매하면 3개 값으로 할인해줍니다.
- **bogo sale** : 1개 상품을 구매하면 1개는 추가로 제공(buy 1 get 1 Free)하거나 50% 세일(buy 1 get 1 50% off)을 합니다.
- **volume discount** : 여러 개를 사면 추가로 할인해줍니다.
- **auto delivery, subscribe &save, delivery subscription** : 정기적으로 배달 계약을 함으로써 5~15% 정도 저렴하게 구입할 수 있습니다. 추후 배달받을 목적이 아니라 이번 주문만 할인을 받을 계획이라면 다음 배송까지 기간을 길게 하고 다음 배송 전에 계약을 해지해야 합니다. 정기적인 배달 계약은 보통 해지가 자유롭지만 해지가 불가능할 수도 있으니 계약 전에 잘 확인해봐야 합니다.
- **buy more, save more** : 상품 구매 개수에 따라 할인 금액이나 할인율이 높아지는 방식입니다. [예] buy 2 10% off, buy 3 15% off / 20% off when you spend $100+, 30% off when you spend $150+ / $10 off $100, $20 off $150 등
- **clearance** : 재고정리를 의미합니다. 주로 세일하는 상품보다 더 파격적인 가격으로 판매하는 경우가 많습니다.
- **discount taken at checkout** : 할인은 체크아웃 과정에서 반영됩니다.
- **discount taken at shopping cart** : 할인은 장바구니에 담으면 반영됩니다. 특정 카테고리 아이템의 경우 쿠폰이나 할인링크 없이 장바구니나 체크아웃 하는 과정에서 할인이 적용된다는 프로모션이 종종 나옵니다.
- **instant coupon** : 아이템에 붙어있는 쿠폰으로 장바구니에 담는 즉시 적용됩니다.
- **exclude item, excludes** : 세일이나 할인에서 제외되는 상품 혹은 브랜드를 말합니다.
- **freebies, free gift, gift with pruchase(GWP)** : 사은품
- **high • priced item** : 제일 비싼 상품만 할인됩니다. 쿠폰의 경우 한 상품만 할인되는 경우가 있습니다.
- **low priced item** : 제일 저렴한 상품만 할인됩니다.
- **reduced item/price sale item** : 세일하는 상품
- **regular price item, full priced item, no sale item, retail price item** : 정상가 상품
- **republished** : 구매자가 반품했다가 공장에 점검을 받고 나온 상품을 말합니다. 정상제품보다 저렴한 대신 상품에 문제가 있을 수 있으므로 구입 시 주의하도록 합니다.

- **shipping & handling charge** : 포장 및 배송비, 도착하는 시간이 빠르면 빠를수록 비용이 올라갑니다.
- **standard, ground shipping** : 가장 일반적인 배송 수단으로 보통 무료이며 배송 시작한 뒤 도착하기까지 1주일에서 2주일 정도 소요됩니다.
- **3 day shipping** : 배송한 지 3일 만에 도착하도록 하는 것
- **overnight shipping** : 주문한 다음날 도착하도록 하는 것
- **stock** : 수량
- **in stock** : 구매하고자 하는 상품의 수량이 있으므로 구매가 가능합니다.
- **out of stock** : 구매하고자 하는 상품의 수량이 없으므로 구매할 수 없습니다.
- **temporary out of stock** : 일시품절 상품
- **tax 또는 sales tax** : 미국은 주에 따라 세금이 다르게 부과되기 때문에 배송 받는 주소 및 상품 종류에 따라 세금도 달라질 수 있습니다.

세일 일정 알아두기

공휴일에는 세일을 많이 하므로 미국 휴일을 체크해두면 세일 서비스에 대비할 수 있습니다. [U.S OFFICE OF PERSONNEL MANAGEMENT] 홈페이지 (http://www.opm.gov)에 접속하면 미국 공휴일 정보를 확인할 수 있습니다.

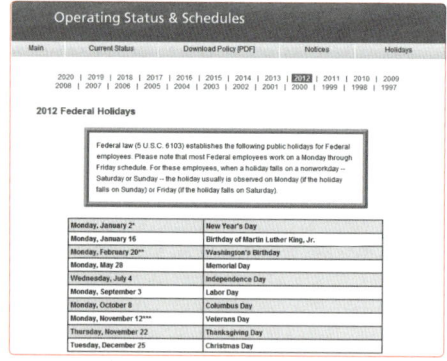

▲ [U.S OFFICE OF PERSONNEL MANAGEMENT] 홈페이지(http://www.opm.gov)

미국 공휴일 중에는 특정 날짜가 아닌 무슨 달의 몇 번째 요일로 지정된 경우가 많아 매년 날짜가 동일하지 않으므로 휴일의 날짜를 잘 파악해두어야 합니다. 휴일 중 추수감사절인 땡스기빙데이부터 크리스마스까지 세일을 가장 많이 하므로 잘 알아두도록 합니다. 여기서는 2012년 하반기와 2013년의 휴일을 알아보겠습니다.

2012년 하반기

9월 3일(월)	**Labor Day** 노동자의 날로 9월 첫번째 월요일입니다.
10월 8일(월)	**Columbus Day** 콜럼버스가 미 대륙을 발견한 날을 기념하는 날로 10월의 두 번째 월요일입니다.
11월 12일(월)	**Veterans Day** 제1차 대전의 휴전 기념일인 11월 11일, 즉 전쟁에 참전한 군인들을 기리기 위한 날로 2012년은 11월 11일이 일요일인 관계로 11월 12일에 휴무합니다.
11월 22일(목)	**Thanksgiving Day** 추수감사절인 땡스기빙데이는 11월 셋째 목요일이며, 그 다음날인 금요일을 블랙 프라이데이라고 해서 미국에서 한 해 중 가장 큰 세일을 합니다. 추수를 끝내고 두둑해진 주머니로 쇼핑을 해서 모든 상점이 흑자가 나는 날이라고 해서 블랙프라이데이라는 이름이 붙여졌습니다. 블랙프라이데이가 끝나고 남은 상품들을 모아 그 다음 월요일에 파는 사이버 먼데이가 가장 할인율이 좋습니다.
12월 25일(화)	**Christmas Day** 크리스마스는 12월 25일입니다.

2013년

1월 1일(화)	**New Year's Day** 새해 시작은 1월 1일입니다.
1월 21일(월)	**Birthday of Martin Luther King, Jr.** 마틴루터킹 목사 탄생일로, 1월 셋째 월요일입니다.
2월 18일(월)	**Washington's Birthday** 워싱턴 대통령의 탄생일로 보통 프레지던트데이로 칭하며 2월 셋째 월요일입니다.
5월 27일(월)	**Memorial Day** 현충일로 5월 마지막 주 월요일입니다.
7월 4일(목)	**Independence Day** 독립기념일로 7월 4일입니다.
9월 2일(월)	**Labor Day** 노동자의 날로 9월 첫번째 월요일입니다.
10월 14일(월)	**Columbus Day** 콜럼버스가 미 대륙을 발견한 날을 기념하는 날로 10월의 두 번째 월요일입니다.
11월 11일(월)	**Veterans Day** 제1차 대전의 휴전 기념일인 11월 11일입니다.
11월 28일(목)	**Thanksgiving Day** 추수감사절인 땡스기빙데이는 11월 셋째 목요일입니다.
12월 25일(수)	**Christmas Day** 크리스마스는 12월 25일입니다.

17 할인쿠폰을 이용해서 저렴하게 쇼핑해요

쿠폰(Coupon)은 마케팅의 목적으로 판매자가 발행하며 할인 기능의 역할을
합니다. 쿠폰을 이용하면 상품을 저렴하게 구매할 수 있으므로 쿠폰 정보를 잘
알아두는 것이 중요합니다. 여기서는 [샵투월드] 홈페이지(http://shop2world.
net)에서 제공하는 [코스탈 콘텍트] 쇼핑몰(http://www.coastal.com) 할인쿠폰
을 이용하여 상품을 구매하는 방법에 대해서 알아보겠습니다.

1 ┃ [샵투월드] 홈페이지(http://shop2world.net)에 접속한 다음 검색창에 'coastal'
을 입력해서 검색합니다.

2 ┃ 사용할 [코스탈 콘텍트]의 쿠폰 코드를 찾아놓습니다. 'Coupon Code' 항목 옆에 적
혀 있는 문자가 코드입니다.

할인쿠폰 사용 시 주의 사항

각 항목에 할인 종류에 따라 여러 개의 코드를
제공하고 있으며 코드를 이용하기 전에 'Cou-
pon Code' 옆에 입력된 'Ends' 항목에 적혀있
는 사용 기간을 확인하도록 합니다.

3 | [코스탈 콘텍트] 쇼핑몰(http://www.coastal.com)에 접속한 다음 상품을 구매한 후 [Continue] 버튼을 클릭합니다.

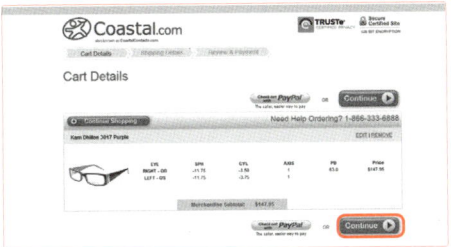

4 | [Country] 항목에 [South Korea]를 선택한 다음 [Continue] 버튼을 클릭합니다.

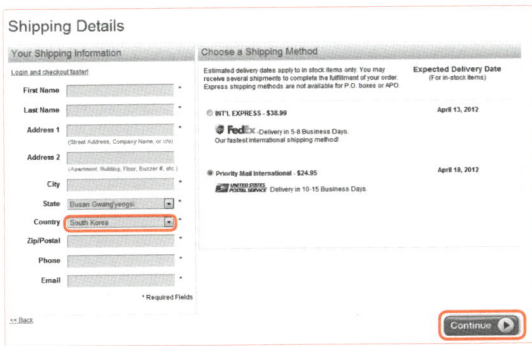

5 | [Coupon Code] 항목에 [샵투월드] 홈페이지에서 검색한 코드를 입력한 후 [Apply] 버튼을 클릭합니다. 정상적으로 처리되면 [Billing Summary]에 할인 내용이 표시됩니다.

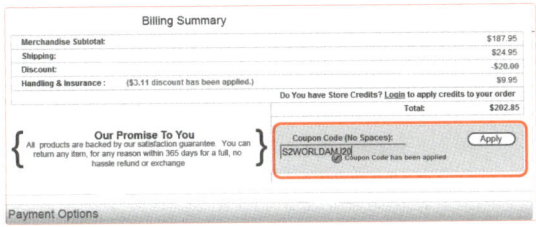

구매대행이나 배송대행 시 배송비는 수수료 이외에 쇼핑몰에서 배대지까지의 미국 내 배송비와 배대지에서 국내까지의 국제 배송비가 듭니다. 국제 배송비는 부피무게라는 계산법을 이용하여 상품의 무게와 부피를 결정합니다. 부피무게는 다음과 같이 계산하며 LBS 단위로 표시합니다. 1LBS는 1파운드를 말하는 것으로 약 453g 정도 됩니다.

부피무게(LBS)=가로×세로×높이/166 (단위: 인치)

산출된 부피 무게는 실제 무게와 비교하여 무게를 측정하는데 부피 무게와 실제 무게를 비교하여 일반적으로 더 큰 쪽을 무게로 산출합니다. 무게의 산출 기준은 배송대행사와 택배사 간 계약에 의해 이루어집니다. 일정 무게까지는 부피 무게가 더 크더라도 실제 무게만 인정해주는 경우가 있을 수도 있고, 일정 무게 이상이면 부피 무게와 실제 무게의 평균을, 또는 부피 무게만을 인정할 수도 있습니다. 여러 군데의 배송대행사를 비교하여 무게 측정 기준을 알아두면 조금이라도 국내 배송료를 아낄 수 있습니다.

이렇게 산출된 부피무게에 배송 비용을 참조하면 배송비를 추정할 수 있습니다. 배송 비용은 상품의 무게 당 요금을 고정으로 책정해놓은 선편요금을 이용합니다. 선편요금은 수시로 변동되며 해외배송 시에 해당하는 선편요금이 적용됩니다. [우정사업본부] 홈페이지(http://www.koreapost.go.kr)에 접속한 다음 [Quick menu]에서 [우편요금안내]-[국제우편]-[국제소포우편] 메뉴를 순서대로 접속하면 국제선편요금을 확인할 수 있습니다.

물품가액이 20만 원 이상인 경우 과세기준이 되는 배송요금은 특급탁송화물 과세운임표에 의해 결정됩니다.

국제선편소포 우편요금표

중 량(kg)	1지역	2지역	3지역	4지역
2kg까지	10,800	11,900	13,000	14,100
4 〃	14,100	15,200	17,300	19,500
6 〃	17,300	18,400	21,700	25,000
8 〃	20,600	21,700	26,000	30,400
10 〃	23,900	25,000	30,400	35,800
12 〃	27,100	28,200	34,700	41,300
14 〃	30,400	31,500	39,100	46,700
16 〃	33,600	34,700	43,400	52,100
18 〃	36,900	38,000	47,800	57,600
20 〃	40,200	41,300	52,100	63,000

특급탁송화물 과세운임표

중량(KG)	1지역	2지역	3지역	4지역	중량(KG)	1지역	2지역	3지역	4지역
1.0	15,000	18,500	27,000	28,000	16.0	59,700	105,000	129,000	217,000
2.0	20,200	28,000	41,500	43,000	17.0	63,100	111,000	135,000	230,000
3.0	24,500	32,000	51,000	55,000	18.0	66,500	117,000	141,000	243,000
4.0	26,500	38,000	57,000	67,000	19.0	69,900	123,000	147,000	256,000
5.0	28,500	43,400	63,000	79,000	20.0	73,300	129,000	153,000	269,000
6.0	30,500	48,800	69,000	91,000	21.0	76,700	135,000	159,000	281,600
7.0	32,500	54,200	75,000	103,000	22.0	79,900	140,500	165,000	294,200
8.0	35,500	59,600	81,000	115,000	23.0	82,900	144,100	171,000	306,800
9.0	38,500	65,000	87,000	127,000	24.0	85,700	146,700	177,000	319,400
10.0	41,500	70,400	93,000	139,000	25.0	88,300	149,300	183,000	332,000
11.0	44,500	75,800	99,000	152,000	26.0	90,900	151,900	189,000	344,600
12.0	47,500	81,000	105,000	165,000	27.0	93,500	154,500	195,000	357,200
13.0	50,500	87,000	111,000	178,000	28.0	96,100	157,100	201,000	369,800
14.0	53,500	93,000	117,000	191,000	29.0	98,700	159,700	207,000	382,400
15.0	56,500	99,000	123,000	204,000	30.0	101,300	162,300	213,000	395,000

▲ 1지역 : 일본, 중국, 대만, 홍콩 국가, 2지역 : 동남아시아, 3지역 : 북미, 유럽, 중동 등의 국가,
  4지역: 아프리카, 중남미 지역

 항공 운송비용

항공 운송의 경우 소수점은 올림이 기준이고 운송하는 배송사에 따라 달라질 수 있으므로 비용은 추정
비용보다 조금 더 나올 수 있습니다.

19 국제 배송 업체가 궁금해요

해외쇼핑몰에서 국내로 배송해주는 배송업체에는 주로 페덱스(fedex), 디에이치엘(DHL), 유피에스(UPS) 등의 택배회사를 이용하기도 하고, 미국의 우체국인 유에스피에스(USPS)를 이용하기도 합니다. 쇼핑몰은 미국 소재의 배송대행사와 계약을 맺기도 하는데 그런 곳은 대규모 배송회사가 아니라 잘 알려지지 않은 소규모 배송회사인 경우도 있습니다.

 **FedEx (http://www.fedex.com)**

화물 전문 서비스로 작은 물건도 많이 배달하는 특송회사입니다.

 DHL (http://www.dhl.com)

독일의 국제 항공 특송회사로 전 세계적인 서비스를 합니다.

 UPS : United Parcel Service (http://www.ups.com)

세계에서 가장 큰 배송업체로 미국 내 배송 시 50% 이상을 UPS가 담당합니다.

USPS : United States Postal Service (http://www.usps.com)

미국 우편시스템으로 주로 가벼운 물건이나 쇼핑몰에서 무료배송행사 때 많이 이용합니다. 또는 FedEx나 UPS가 한 지역으로 물건을 보내면 물건을 받아서 각 주소로 배달하는 2중 배송 서비스도 하고 있습니다. 빠른우편(first class mail)인 경우 배송추적이 가능하지만 일반 소포(parcel post)로 국내 배송을 받을 때에는 미국을 벗어나면 추적이 되지 않습니다.

국내 택배

한국인이 운영하는 배송대행회사는 대한통운, 한진택배, CJ택배 등이 있으며 주로 국내 택배사와 계약을 맺고 운송합니다. 국내 택배사를 통한 배송추적이 가능하기 때문에 직구를 하는 사용자들이 많이 이용합니다.

 국제택배를 국내택배사로 이용했을 때 물건 파손 시 손해배상

상품을 받았을 때 내용물이 손상되었다면 택배사에 연락하여 손해배상을 받을 수 있습니다. 손해배상액은 이용하는 업체와 택배사 간 계약에 따라 달라지지만 일반적으로 물건을 보내는 쪽에서 내용물과 가격을 명시하게 되어 있으므로 그 가격의 수준에서 결정이 됩니다. 그릇 등 일부 품목은 손해배상에서 제외되는 경우도 있으니 배송한 측과 택배사 양쪽에 문의를 하여 보상 받을 수 있는 방법을 찾아보기 바랍니다.

 여름철 해외쇼핑 시 주의할 점

여름철에는 캔디, 초콜릿, 젤리, 영양제, 스킨케어 등 식료품이나 화장품을 구입하지 않는 것이 좋습니다. 항공기 운송 시 제품을 담은 컨테이너 내부 온도가 상상 이상의 고온이 될 수 있기 때문에 제품이 손상되거나 성분이 변할 수 있기 때문입니다.

트랙킹 넘버 찾기

주문 후 배송이 시작되면 주문내역을 확인하거나 배송 알림 메일이 도착합니다. [tracking number] 항목을 클릭하면 배송사의 배송 상황을 볼 수 있는 페이지가 열리고 추적이 가능합니다.

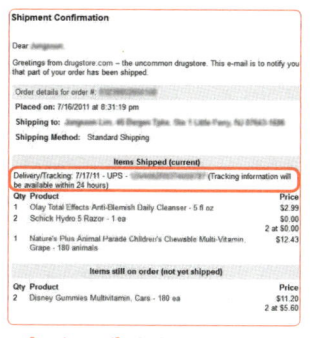

▲ [드럭스토어] 의 배송 알림 메일

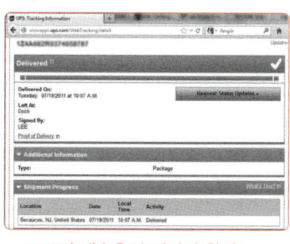

▲ UPS의 배송추적 페이지 확인

20

해외는 소비세가 별도로 부과돼요

소비세(Sales tax)란 상품을 구매할 때 상품에 부과하는 세금으로 국내의 부가가치세와 비슷합니다. 국내는 상품에 세금이 포함되어 있지만 미국은 상품을 구매할 때 소비세를 별도로 부과합니다. 소비세 비율은 상품의 종류와 상품을 구매한 주에 따라 다르므로 해외쇼핑을 할 때 상품을 대신 수령해주는 배송대행지의 소비세 정보를 잘 파악해두어야 합니다.

배송대행사도 캘리포니아주(CA), 뉴저지주(NJ) 등에 주로 밀집되어 있지만 최근에는 소비세가 면세가 되고 있는 오레곤주(OR)나 델라웨어(DE) 지역에도 배송대행회사가 많이 생겨나고 있습니다.

각 쇼핑몰마다 커스터머 서비스나 FAQ, HELP 페이지에서 소비세에 관련된 항목이 있으니 주문 전 확인하는 작업이 필요합니다. 어떤 쇼핑몰은 주문 과정에서 배송 받을 주소를 입력할 때 세금이 얼마나 나오는지 확인할 수 있는 곳도 있습니다. 또 어떤 쇼핑몰은 주문을 완료하고 주문을 확인(order confirmation)할 때 세금이 얼마 나오는지 알려주기도 하므로 사전에 구입 후기 등을 통해 세금 부과 항목을 확인해두는 것이 좋습니다.

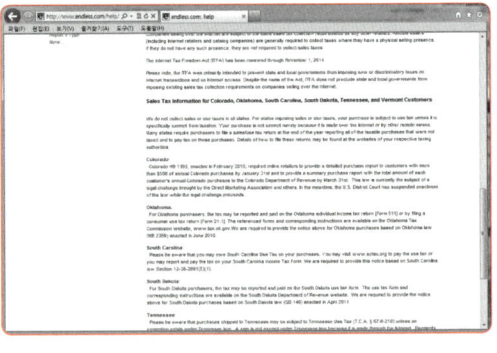

아마존 소비세 부과 정책

아마존은 자체 셀러의 경우 미국 어느 주로 배송하든 소비세가 부과되지 않았지만, 2012년 7월 18일자 CNNMONEY에 따르면 이미 7월부터 소비세를 캔자스를 비롯한 6개 주에서 부과하고 있으며 향후 전국적으로 소비세 부과를 확대한다고 발표했습니다.

수입 물품을 검색하는 통관 절차가 궁금해요

↘

통관이란

통관이란 국내 거주자가 해외로부터 우편으로 수화물을 받을 때 관세법에 따른 절차를 이행하기 위해 세관에서 수화물을 검사하는 것을 의미합니다. 해외에서 구매한 상품을 수령하기 위해선 반드시 통관 절차를 거쳐야 합니다. 통관 절차가 진행될 때 관세청으로부터 연락이 오며, 수입품목에 위배되지 않고 관세법에 의해 관부가세를 지불하면 상품을 받을 수 있습니다. 통관은 수입신고를 하지 않아도 되는 목록통관과 수입신고를 반드시 해야 하는 일반통관이 있습니다.

목록통관

목록통관이란 세관장의 확인이 아닌 특송업체가 작성한 통관 목록으로 쉽게 통관되는 것을 말합니다. 해외배송비 등을 제외한 상품 총 구매 비용(해당 국가 내 배송비, 소비세 포함)이 $100 이하이고 목록통관이 가능한 품목으로 지정된 상품이어야 합니다. 한미 FTA의 발효로 위 조건 내의 품목 중 미국으로부터 수입하는 것은 $200 이하이고, 미국 내 제조 상품일 경우에 목록통관이 가능합니다. 이때 통관비와 관세는 면세 처리됩니다.

일반통관

상품 총 구매 비용이 $200 이상 $2,000 미만이면 간이신고를, $2,000 이상이면 일반수입신고 처리를 반드시 해야 합니다. 이와 같은 경우를 일반통관이라고 부르는데 일반통관은 세관장의 확인을 통해 통관하기 때문에 시간이 오래 걸리고 상품 총 구매 비용과 해외배송비용 등을 모두 포함한 금액이 원화로 15만원 이하일 경우에만 면세 처리됩니다. 단, 주류, 담배류, 향수, 농림수축산물, 한약재 등은 면세 대상에서 제외됩니다.

	목록통관 물품	일반통관 물품
의류	일반의류, 속옷, 수영복, 양말, 장갑, 벨트, 장갑, 넥타이 등	가죽/모피류, 가방, 선글라스 및 안경, 모자, 스포츠용 장갑 및 구명복
섬유	모포, 텐트, 커튼	방석, 베개, 쿠션, 침낭
신발	운동화, 부츠, 가죽구두, 슬리퍼 등	특수용 신발(방화신발, 안전화 등)
가구	의자, 책장, 테이블, 가구, 실내조명 기구	침대, 보행기, 유아용 캐리어 및 의자, 전기스탠드
용품	화장지, 종이컵, 쟁반,	물휴지, 일회용 기저귀, 생리대, 전기방석
서적	책, 신문, 잡지, 캘린더, 기타 인쇄물	음란서적, 수표, 유가증권
CD/DVD	음악, 영상물	프로그램 저작물, 음란물, 게임
기타		식품류, 의약품, 화장품, 반려동물용품 등

통관금지목록

국내에서 유통되는 상품이지만 수입이 금지된 품목이 있습니다. 그러므로 주문 전에 반드시 수입 금지 상품인지 알아보고 수입이 가능하다 하더라도 수량이 제한되어 있는지도 알아두도록 합니다.

- 영양제나 꿀 등 입으로 들어가는 상품 : 한 패키지에 6병 이하
- 제조사, 사이즈, 컬러 등 완전히 동일한 제품 : 한 패키지에 6개 이하(법으로 정해진 것은 아니나 수량이 너무 많으면 자가 사용으로 판단되기 어렵습니다.)
- 동물 사료 : 첨가물 중 동물성 성분이 없어야 함. (동물성 성분이 포함된 경우 검역을 거쳐야 하며 검역 비용이 발생하고 검역 후 통관이 불가될 경우 폐기비용도 지불해야 합니다.)
- 고기류 : 육포 등 통관 불가
- 영양제 : 여러 가지 성분이 국내 섭취 제한이 걸려 있으므로, 반드시 구매 전 통관에 문제가 없는 제품 인지 문의하거나 관세청에서 불법 의약품 조회페이지 확인 필요
- 성기능 제품, 다이어트 보조제 : 통관에 문제가 있을 수 있음
- 아이패드 : 1인 1개 한정

 관세청 관련 유용한 정보

- [관세청] 홈페이지(http://www.customs.go.kr) → [인천공항국제우편] → [우편물 통관 안내] → [불법의약품 안내] 페이지에서 불법의약품 정보를 검색할 수 있습니다.
- 관세청 블로그(http://ecustoms.tistory.com)에서 관세에 대한 사례별 내용을 확인할 수 있습니다.
- 관세지원센터 온라인 민원상담(http://call.customs.go.kr/index.html)에서는 관세청 직원에게 온라인으로 민원 상담이 가능하고, 이전에 상담했던 사례 등도 검색할 수 있습니다.

[관세청] 홈페이지에 접속하면 운송장 번호를 입력해서 통관 조회를 할 수 있습니다. 조회를 통해 통관 종류와 수입 신고 일정, 통관 시간 정보를 알 수 있습니다.

1 | [관세청] 홈페이지(http://www.customs.go.kr)에 접속한 다음 [수입화물통관진행조회] 아이콘을 클릭합니다.

2 | [M B/L – H B/L] 항목에 체크하고 배송대행사를 통해 받은 국제택배 번호를 2번째 칸에 숫자만 입력한 후, [조회] 버튼을 클릭합니다.

3 | 수입신고 후 수리 반출로 되어 있으면 관세사에 수입신고 대행 수수료인 통관료를 내야하고 경우에 따라 관세도 내야 합니다. 그러면 일반통관인지 목록통관인지 확인이 가능하고, 관세사가 언제 수입신고를 했는지도 나오며, 통관에 얼마나 시간이 소요되는지도 알 수 있습니다.

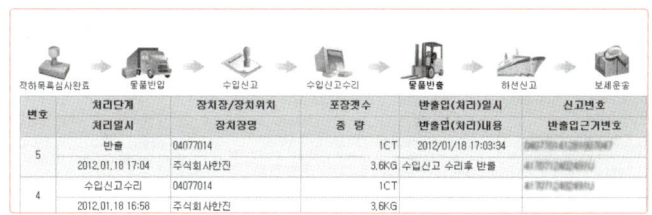

각종 세금 알아보기

해외에서 상품을 수입하면 관세, 부가세, 특별소비세, 농특세, 주세, 교육세 등의 세금이 부과됩니다. 각각의 세금은 상품에 대한 부과비율을 정해둔 과세율표를 기준으로 적용됩니다. 대부분의 상품이 관세와 부가세만 적용되고 상품의 특성에 따라 관세가 없는 경우도 있습니다.

관세는 보통 총 물품가격이 15만원 이상인 경우 부과되는 세금으로 각 물품마다 책정된 관세비율을 곱해서 계산합니다. 관세를 계산할 때 사용하는 물품구매가격을 과세가격이라고 하는데 다음과 같은 계산식으로 산출합니다.

> (상품 가격+해외 내 배송비+해외 소비세)×과세환율+국제운송비(20만원 미만 선편요금 적용, 20만원 이상 특송요금 적용)

이렇게 계산된 과세가격에 상품에 따른 관세비율을 곱해서 관세가 책정되고 과세가격에 모든 세금을 합한 비용의 10%를 부가세로 책정합니다.

예를 들어 관세비율이 8%, 부가세가 10%이고 과세가격이 200,000원인 커피 상품을 수입하게 될 때 드는 세금은 다음과 같이 계산할 수 있습니다.

> 관세 : 200,000×8% = 16,000원
> 부가세 : (200,000+16,000)×10%=21,600원
> 세금 : 16,000+21,600=37,600원

 과세율 확인 방법

배송 대행이나 구매 대행을 이용할 경우 세금을 별도로 공지하기도 하고 배송비에 추가해서 표시하기도 합니다. 부산세관의 그림으로 보는 품목분류서비스(http://www.cusana. go.kr/renewal/)에서 HSK를 확인하면 과세율을 확인할 수 있습니다.

인터넷으로 예상세액 조회하기

1 | [관세청] 홈페이지(http://www.customs.go.kr)에 접속한 다음 지도 이미지에서 [인천공항세관]을 클릭하면 나타나는 바로가기에서 [인천공항국제우편세관]을 클릭합니다.

2 | [인천공항국제우편세관] 홈페이지가 나타나면 오른쪽 퀵메뉴에서 [국제우편물 예상세액조회] 아이콘을 클릭합니다.

3 | [물품 종류]에 구입한 물품을 선택하고 [물품가격]에는 상품을 구입한 국가와 가격을 입력, [우편요금]에는 '대한민국'을 선택하고 부피무게에 대한 선편요금을 원화로 적습니다. [세액 조회] 버튼을 클릭하면 세율과 예상세액이 표시 됩니다.

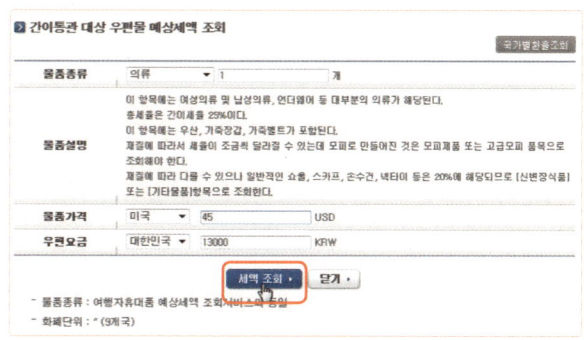

물품종류를 선택하면 물품설명란에서 관부가세 비율을 확인할 수 있습니다.

 **[세율] 항목 확인**

[세율] 항목에 통관 종류와 세액 비율이 표시됩니다. 25%는 모든 세금을 포함한 비율로 특별한 세금이 붙지 않았다면 부가세 10%를 뺀 15%가 의류의 관세 비율임을 알 수 있습니다.

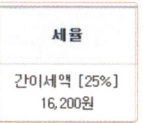

세율
간이세액 [25%] 16,200원

24 주간 과세 환율이 궁금해요

과세가격을 책정할 때는 상품 구매 비용에 환율을 적용해서 계산합니다. 이때 사용하는 환율은 매주 환율을 고정시킨 고시환율을 이용합니다. 고시환율은 매주 변경되며 통관일자의 고시환율을 기준으로 적용합니다. 여기서는 고시환율을 확인하는 방법에 대해서 알아보겠습니다.

1 | [관세청] 홈페이지(http://customs.go.kr)에 접속한 다음 [수입화물통관 진행조회] 아이콘을 클릭합니다.

2 | 왼쪽 메뉴에서 [신고지원정보]-[주간환율] 메뉴를 클릭합니다.

3 | 주간환율 조회 화면에서 [과세] 항목을 선택하고 [조회] 버튼을 클릭합니다. 조회 결과에 해당하는 환율이 과세 기준 환율이 됩니다.

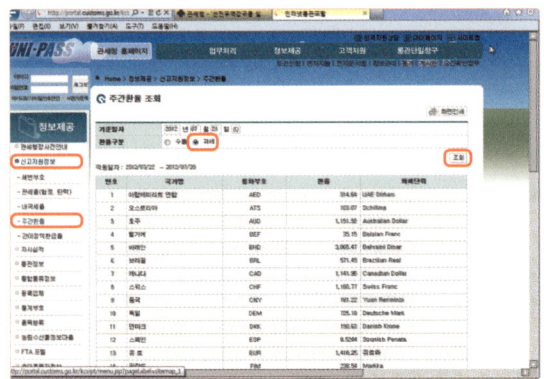

Part 02

해외쇼핑
추천 100선
공략

한국인들이 가장 많이 이용하는 인기 해외쇼핑몰 100개를 엄선하여 각 쇼핑몰을 이용하는 방법과 경험에서 우러나오는 다양한 팁 정보를 소개합니다.

섹션마다 쇼핑몰의 특징을 확인할 수 있도록 다양한 아이콘으로 표시하였습니다. 섹션 위에는 국내 상품 가격과 비교했을 때 할인율을 표시하였고, 상단에는 크게 3개의 상자로 쇼핑몰의 특징을 표시하였습니다. 왼쪽 상자는 쇼핑몰에서 판매하는 상품 종류를, 두 번째 상자는 배송 방법을, 세 번째 상자는 결제 방법을 표시하였습니다. 특히 쇼핑몰마다 최신 쇼핑 정보를 볼 수 있는 페이지로 이동하게 해주는 QR 코드를 표시하여 쉽게 쇼핑몰을 이용할 수 있도록 하였습니다.

쇼핑몰 정보는 2012년 09월 기준입니다.

50% 싸게

http://www.amazon.com

01 아마존에서 해외쇼핑을 시작하기

아마존은 전 세계에서 가장 큰 인터넷 쇼핑몰입니다. 아마존에서 구매할 수 있는 것은 자체 판매 상품과 아마존에 입점한 외부 셀러가 판매하는 상품이 있습니다. 책이나 CD, DVD 및 일부 상품은 국제배송이 지원되어 한국까지 직배송 받을 수 있지만 배송대행을 이용하는 게 더 저렴한 경우도 있습니다. 더불어 아마존 영국, 독일, 프랑스는 아마존 미국 시스템과 연동되어 있기 때문에 아마존 미국 계정으로 주문할 수 있습니다.

 **퍼니사러'팁**

아마존에서 상품 주문을 한 번 성공했다면 해외쇼핑은 이미 50% 이상 마스터한 것이나 다름없습니다. 수많은 세일과 특가상품이 가득 찬 세계에서 가장 크고 저렴한 아마존의 세상으로 오신 것을 환영합니다. 도서, DVD뿐만 아니라 의류, 신발, 가전제품, 부엌살림, 먹거리, 화장품, 생필품, 약품 등 국내에서 구하기 힘들거나 고가의 물건을 저렴한 가격에 믿고 구매할 수 있습니다.

아마존에서 도서 구매하고 직접 한국으로 배송 받기

1 | 아마존(http://www.amazon.com/)에 접속합니다.

2 | 홈페이지 우측 상단의 [Sign In]을 클릭해 로그인을 합니다. 회원가입이 안 되어 있으면 [No, I am a new customer] 항목에 체크하고 [Sign In using our secure server] 버튼을 눌러 회원 가입을 합니다. 회원가입을 할 때 모든 정보는 영문으로 입력합니다.

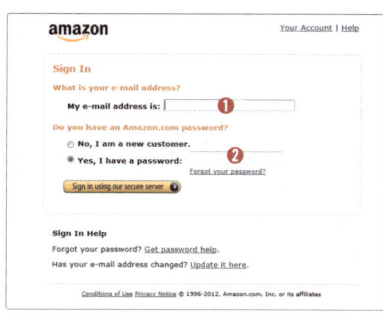 

❶ 이메일 주소 ❷ 비밀번호 입력 ❸ 이름 ❹ 이메일 주소 ❺ 이메일 주소 확인 ❻ 핸드폰 번호
❼ 비밀번호 ❽ 비밀번호 확인

3 | 구매하고자 하는 도서를 선택하고 우측의 [Add to Cart] 버튼을 눌러 장바구니에 담습니다.

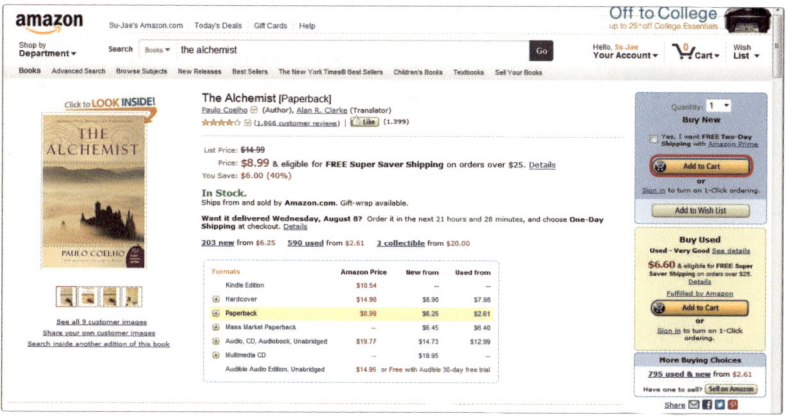

4 | 쇼핑이 끝났으면 홈페이지 우측 상단의  [Cart] 버튼을 눌러 장바구니 내용을 확인합니다.

5 | 선택한 상품과 금액을 확인한 후 우측의 [Proceed to Checkout] [Proceed to Checkout] 버튼을 누르고 배송 받을 주소를 입력합니다. 이때 모든 정보는 영문으로 입력합니다.

Enter the shipping address for this order
Please enter a shipping address for this order. Please also indicate whether your billing address is the same as the shipping address entered. "Add another address" button to enter additional addresses.

Enter a new shipping address.
When finished, click the "Continue" button.

Full Name: ❶

Address Line1: ❷
Street address, P.O. box, company name, c/o

Address Line2: ❸
Apartment, suite, unit, building, floor, etc.

City: ❹

State/Province/Region:

ZIP: ❺

Country: ❻ted States

Phone Number: ❼

Is this address also your billing address (the address that appears on your credit card or bank statement)?
◉ Yes
○ No (If not, we'll ask you for it in a moment.)

[Continue ▶]

OR [Add another address]

if you're sending items to more than one address.

Address Accuracy
Make sure you get your stuff! If the address is not entered correctly, your package may be returned as undeliverable. You woul
information in the appropriate boxes and double-checking for typos and other errors. Need help? Click for address tips:

- General Address Tips
- APO/FPO Address Tips

❶이름 ❷주소 1 ❸주소 2 ❹도시 ❺우편번호 ❻국가 ❼전화번호

아마존 배송정책

판매자가 [아마존]인 상품은 합계 $25 이상 구매하면 무료배송되며, 아마존 프라임회원은 구매금액에 관계없이 미국 내 2일 무료배송됩니다. 판매자가 [아마존]이 아닌 상품의 배송료 정책은 판매자의 정보 페이지에서 [Shipping Rates] 항목을 확인하면 되는데 구매금액별, 무게별, 지역별, 기본배송료 + 상품 당 배송료의 구조로 되어 있습니다.

6 | **Continue ▶** [Continue] 버튼을 누르고 결제 방법을 선택한 뒤 정보를 입력합니다.

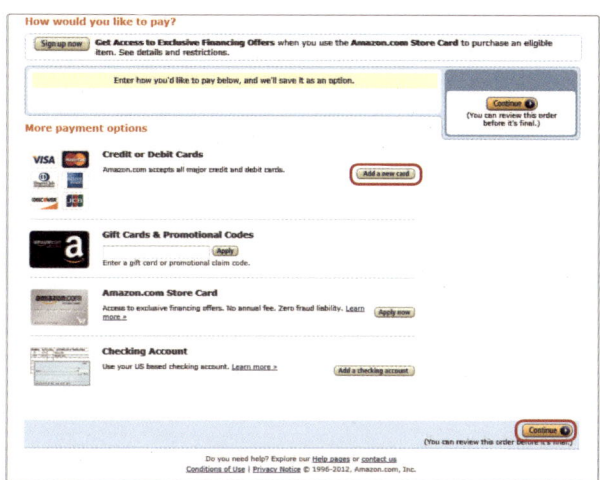

7 | **Continue ▶** [Continue] 버튼을 누르고 주문내용을 최종 확인합니다. 할인쿠폰이 있으면 [Gift Cards & Promotional Codes:] 창에 입력하고 우측의 **Place your order** Place your order] 버튼을 클릭해 주문을 완료합니다.

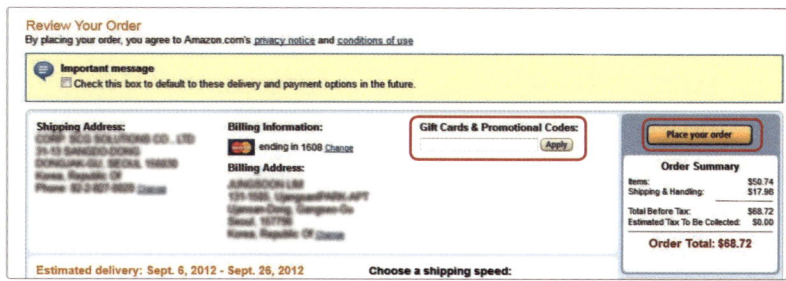

상품권이나 프로모션으로 인하여 계정에 입력된 [gift certificates]가 있다면 신용카드보다 [gift certifi-cates] 잔액만큼 선차감되고 남은 금액만 신용카드로 결제가 이루어집니다.

8 | 홈페이지 우측 상단의 [Your Account] 메뉴에서 [Your Orders]를 선택하면 주문내용을 확인할 수 있습니다.

아마존에서 도서 구매하고 배송대행 이용해서 한국으로 배송 받기

1 │ 아마존(http://www.amazon.com/)에 접속합니다.

2 │ 쇼핑 완료 후 🛒 [Cart]에서 선택한 상품과 금액을 확인한 후 결제를 진행합니다. 이때 배송
받을 주소에 배송대행업체 주소를 입력합니다.

Enter the shipping address for this order
Please enter a shipping address for this order. Please also indicate whether your billing address is the same as the shipping address enter
"Add another address" button to enter additional addresses.

Enter a new shipping address.
When finished, click the "Continue" button.

Full Name:	❶
Address Line1:	❷ Street address, P.O. box, company name, c/o
Address Line2:	❸ Apartment, suite, unit, building, floor, etc.
City:	❹
State/Province/Region:	
ZIP:	❺
Country:	United States ❻
Phone Number:	❼

Is this address also your billing address (the address that appears on your credit card or bank statement)?
◉ Yes
○ No (If not, we'll ask you for it in a moment.)
[Continue]
OR [Add another address]
if you're sending items to more than one address.

❶ 이름　❷ 주소 1　❸ 주소 2　❹ 도시　❺ 우편번호　❻ 국가　❼ 전화번호

3 │ 홈페이지 우측 상단에 있는 [Your Account] 메뉴에서 [Your Orders]를 선택하면 주문내용을 확인할 수 있습니다. 이때 배송비가 무료인 것을 확인할 수 있습니다.

4 | 배송대행업체에 배송대행 신청서를 작성해서 제출합니다.

수령인 정보

수령인 정보	☐ 개인 ☐ 사업자
수령인 성명	
수령인 주민등록번호	
수령인 연락처1	
수령인 연락처2	
수령할 주소	
기타 요청사항	

배송구분

배송구분	☐ 일반배송 ☐ 합배송
상품 정보	
대표 상품명	
주문번호(Order No)	
배송번호(Tracking No)	
구입처(쇼핑몰URL)	
박스제거 유/무	☐ 박스제거안함 ☐ 박스 제거

상품

상품 이미지 01	상품명	
	브랜드/셀러	
	수량	
	사이즈	
	단가$	
	색상	
	제품URL	
	이미지URL	
할인받는 금액($)		
기타비용	현지세금(sales Tax)	
	현지배송비(Shipping)	
상품 총 구매단가($)		
총 구매비용($)		

배송대행 신청서는 업체마다 다르므로 업체에서 요구하는 정보를 입력하면 되는데 일반적으로 위의 정보를 모두 다 기입해야 합니다. 사이즈나 수량 등의 정보를 잘못 기입하거나 기입하지 않으면 주문한 제품과 다른 제품이 왔을 때 검품을 제대로 할 수 없으므로 주문한 정보를 정확히 알려주시기 바랍니다.

5 | 배송대행지에서 국내까지의 배송비를 측정해서 연락이 오면 배송비를 결제합니다.

50% 싸게

http://www.ebay.com

02 이베이에서 아이 용품 쇼핑하기

이베이는 상품 매매가 활발하게 이뤄지고 있는 종합쇼핑몰입니다. 해외 겸용 신용카드로 결제할 수 없는 해외쇼핑몰의 상품권을 구매하거나 아마존보다 저렴한 상품이 있으면 이용하는 게 좋습니다. 셀러를 선택할 때는 그의 신뢰도와 한국 직배송 여부를 확인해야 합니다. 믿을 만한 셀러는 100건 이상의 피드백이 있거나 [Positive feedback]이 99% 이상이므로 참고하세요.

 **파니사파'팁**

이베이는 계정을 만들고 한 달이 지나야 거래를 할 수 있기 때문에 계정을 미리 만들어 두는 것이 좋습니다. 또 주소를 입력할 때는 한국 주소를 기본으로 설정하고 미국 주소를 추가해서 사용할 수 있으며, 결제는 반드시 페이팔 한국 계정으로 해야 합니다. 만약 경매에 참여해서 낙찰을 받았는데 구매하지 않으면 경고(스트라이크)를 받는데 경고가 3번 누적되면 계정이 정지당합니다. 이베이에서 상품을 고르고 주문할 때에는 상품의 상태(condition)가 새것(new)인지, 배송료를 합한 총 구매비용이 저렴한지 확인해야 합니다. 명품 같은 경우는 가품일 수 있으므로 제품의 위치(location)가 어디인지도 꼭 확인하세요.

http://www.buy.com

03 바이닷컴에서 최신형 울트라북 쇼핑하기

바이닷컴은 라쿠텐 계열의 종합쇼핑몰로 전자가전, 패션 등 다양한 제품을 판매하고 있습니다. 셀러가 다양한 오픈마켓이므로 상품마다 배송료가 다르게 설정되어 있어서 구매할 때 일일이 확인해야 합니다. 바이닷컴의 셀러는 대부분 쇼핑몰을 운영하는 사업자이기 때문에 믿고 구매할 수 있습니다.

🎁 파네사퍼'팁

바이닷컴은 1일 특가가 많이 나오는 곳입니다. 바이닷컴에서 보내주는 홍보메일을 매일 확인하여 저렴한 상품이 있다면 주저하지 말고 결제하는 것이 좋습니다. 평소에 구매하고 싶었던 제품을 정리해놓는 습관을 들이면 충동구매를 예방하는데 도움이 됩니다. 실제로 특가상품을 만났지만 저렴한 건지 몰라 망설이다가 품절이 되는 경우도 많습니다.

30% 싸게

http://www.target.com

04 타겟백화점에서 중저가 의류 쇼핑하기

한국의 해외직구인들이 많이 이용하는 중저가 위주의 브랜드가 총 집합된 타겟백화점의 온라인 숍입니다. 주부들이 선호하는 브랜드도 많이 있고, missoni for target, mulberry for target, paul frank for target 등 타겟과 브랜드가 합작한 브랜드 디자인은 브랜드 대비 저렴하게 가격을 책정하면서 많은 인기를 끌고 있습니다.

 퍼니사퍼'팁

1일 특가 상품이 매우 매력적인 곳으로 상시 $500에 $5 할인과 미국 내 무료배송 프로모션이 중복됩니다. 배송은 무조건 무료배송 상품과 $50 이상 무료배송, 무조건 배송비가 부가되는 상품으로 구별됩니다. 해외겸용 신용카드를 사용하여 주문이 가능한데 간혹 주문이 거절되면 배송대행지를 변경하면 주문이 잘 되기도 합니다.

http://www.saksfifthavenue.com

05 삭스피프쓰에비뉴에서 버버리 쇼핑하기

↘

미국 백화점 사이트 중에서 명품을 많이 취급하는 온라인 숍입니다. 버버리,
구찌 등의 명품을 믿고 구매할 수 있는 몇 안 되는 곳이기도 합니다. 특히 시
즌오프 때에는 70% 할인된 가격의 버버리 옷을 구매할 수도 있습니다. 해외
겸용 신용카드로 결제도 잘 되고 국내까지 배송도 해줍니다. 하지만 일부 브
랜드는 한국 배송이 안 될 수도 있으므로 확인이 필요합니다.

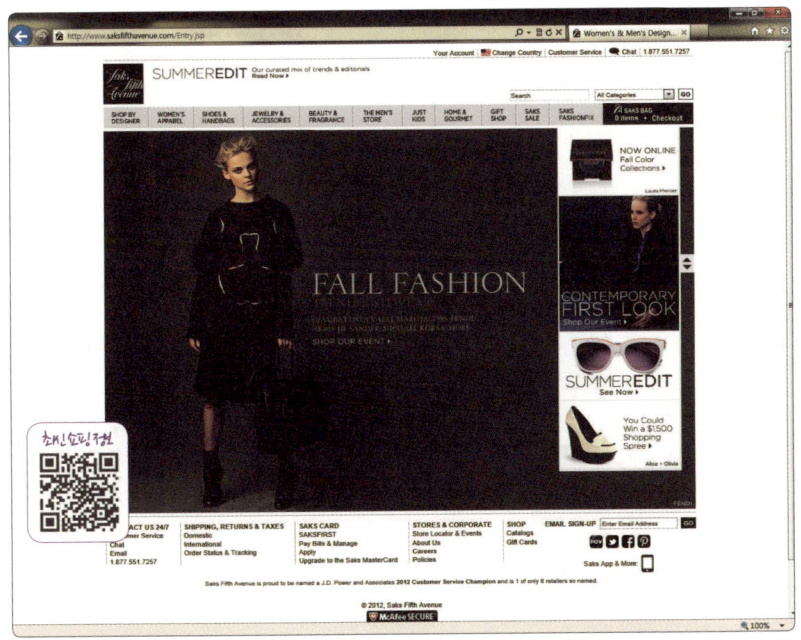

 **퍼니쇼퍼'팁**

이메일로 로그인하면 10% 할인쿠폰을 보내주고, 한 번 주문할 때마다 할인쿠폰을 5개까지 사용할 수
있어서, 할인쿠폰과 무료배송쿠폰, 사은품 쿠폰을 중복해서 사용할 수 있습니다. 배송 받는 주소에 따라
소비세가 부가될 수 있으며 결제금액이 $99 이상이면 한국까지 $19.99에 배송해주는 쿠폰이 있어 저
렴하게 직배송을 이용할 수 있습니다.

30% 싸게

06

http://www.macys.com

메이시스백화점에서 아마존보다 싸게 쇼핑하기

미국에서 가장 큰 백화점으로 Coach, Tommy Hilfiger 같은 대중 브랜드와 키친 & 홈 제품, 의류, 신발, 화장품 등을 취급합니다. 국경일이나 기념일에 맞춰 1day 세일을 가장 자주 하고 아마존보다 싸게 파는 물건들이 많아 세일 스케줄을 잘 맞춰서 구매하면 좋습니다. 메이시스백화점이 없는 주에 한해서만 소비세가 부과되지 않습니다.

 퍼니사퍼'팁

메이시백화점에서 판매하는 상품 중에서 한국을 배송지로 지정하면 주문이 되지 않는 경우가 있습니다. 그렇다고 해외겸용 신용카드로 결제하고 배송대행지로 주문하면 주문이 취소되는 경우도 발생할 수 있으므로 이럴 때는 약간의 수수료를 주더라도 구매대행을 이용하는 것이 편리합니다.

30% 싸게

http://www.bloomingdales.com

07 블루밍데일즈에서 명품 할인받고 쇼핑하기

명품백화점 블루밍데일즈의 온라인몰입니다. 브랜드의 공식 홈페이지에서는 절대 할인 안 되는 상품이 블루밍데일즈 백화점에서 쿠폰이 나왔을 때에는 할인되는 경우가 많아 인기가 있습니다. 보통 $150 이상 구매하면 미국 내 무료배송이 되는데 화장품은 $50 이상만 구매해도 미국 내 무료배송을 이용할 수 있습니다.

 **퍼니샤퍼'팁**

한국배송 시에만 해외겸용 신용카드로 결제할 수 있기 때문에 국제배송료가 구매대행수수료보다 비싸다면 구매대행을 권장합니다. 개인쿠폰과 공개쿠폰을 중복해서 사용할 수 있기 때문에 세일을 하지 않는 패션상품을 특가에 구매할 수 있는 기회가 많습니다. 개인쿠폰은 1회용 쿠폰이고, 공개쿠폰은 누구나 사용 가능하도록 공개된 쿠폰입니다.

30%
싸게

http://www.lordandtaylor.com

08 로드앤테일러에서 패션 아이템 쇼핑하기

버버리, 디올, 구찌 등 명품을 온라인으로 구매할 수 있는 백화점 로드앤테일러의 온라인 숍입니다. 화장품은 $49 이상 구매하면 미국 내 무료배송이 되며, 다른 상품은 무료배송 행사가 없는 경우 $5.95부터 시작해서 구매금액별로 배송비가 증가합니다.

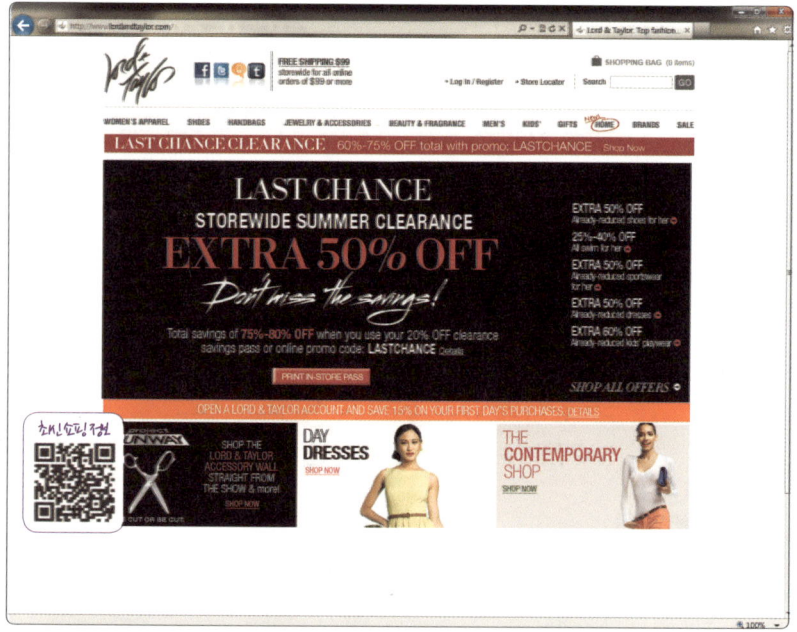

 **팁**

해외겸용 신용카드가 결제되지 않는 경우가 종종 있으므로 정말 필요한 상품은 구매대행하는 편이 편리합니다. 재고정리로 70% 이상 저렴하게 파는 상품인 클리어런스 아이템도 상시 할인되는 15~20% 쿠폰이 발행되며, 특히 패션 아이템이 많이 저렴합니다.

http://www.lastcall.com

라스트콜에서 명품 재고상품 쇼핑하기

명품 백화점 니만 마커스(http://www.neimanmarcus.com)에서 운영하는 아울렛인 라스트콜의 온라인 샵입니다. 니만 마커스 백화점에서 재고를 처리하기 위해 운영하는 곳으로 아무리 시즌이 지나서 처리한다고는 하지만 국내에 입고되지 않은 제품들이 많아 특가로 구매할 수 있는 기회가 많습니다. $75 이상 구매하면 미국 내 무료배송이 가능합니다.

 파워샤퍼'팁

해외겸용 신용카드가 잘 거절되므로 꼭 구매하고 싶은 상품이 있다면 구매대행을 이용하는 것이 더 편리합니다. 간혹 반품된 물건을 받을 수 있으니 배송대행을 이용할 때에는 배송대행지에 제품 상태 확인을 꼼꼼히 해달라고 부탁해야 합니다.

50% 싸게

http://www.shopbop.com

10 샵밥에서 한국 온라인 숍처럼 쇼핑하기

미국쇼핑몰 샵밥은 많은 사람들이 선호하는 Marc by marc jacobs, Tory Burch부터 부츠로 유명한 UGG까지 다양한 디자이너 브랜드 제품이 많이 있는 쇼핑몰입니다. 샵밥의 가장 좋은 점은 한글로 쇼핑이 가능하다는 점입니다. 그리고 한국까지 직배송이 가능하고, $100 이상 구매하면 배송비도 무료입니다.

 퍼니샤퍼'팁

샵밥의 배송방법 중 Shopbop Global은 물건값, 배송비와 더불어 관세 및 세금 (예치금 포함)을 결제 시 미리 지불하고, 실 지불액에 대한 차액을 보통 1개월에서 2개월 후에 돌려받습니다. 무료 특급배송은 물건 값만 결제하고 한국에서 물건수령 시 세금을 내는데, 통관 단계에서 배송업체에 주민등록번호, 관세 확인 후 관세를 지불하면 물건을 받을 수 있습니다. 조금 번거롭기는 하지만 퍼니샤퍼는 이 방법을 선호합니다. 세 번째는 무료우편배송으로 배송기간이 7~20일 가량 걸리는데 배송추적이 되지 않으므로 추천하지 않습니다.

50% 싸게

http://www.yoox.com

11 육스에서 유럽 패션 쇼핑하기

이태리 패션 디자인 쇼핑몰 육스는 유럽의 새로운 패션을 체험하기 좋은 쇼핑몰입니다. Tory Burch, Rebecca Minkoff, Ash 등 수많은 디자이너 브랜드의 상품을 시즌 초에는 30%, 시즌 마감 때에는 최고 90%까지 할인된 가격으로 구매할 수 있습니다. $200 이상 구매하면 미국 내 무료 배송이 되기도 하며, 때에 따라 10~20%까지 추가할인쿠폰도 적용이 가능합니다.

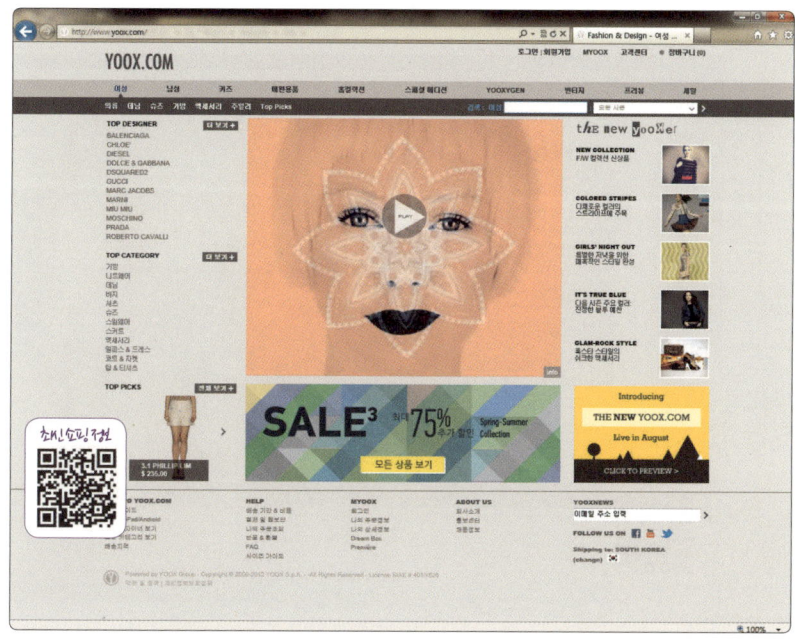

 **머니세이버'팁**

육스는 가입을 할 때 선택한 국가 외의 다른 국가를 선택하면 로그인을 할 수 없습니다. 국가를 한국으로 선택하면 원화로 계산된 금액으로 결제를 할 수 있지만 육스에서 환율을 적용한 금액이 실제 달러로 결제하는 것보다 다소 비싸기 때문에 미국 육스로 가입을 하고 배송대행을 이용할 것을 권합니다.

70%
싸게

12

http://www.myhabit.com

마이해빗닷컴에서 디자이너 상품 쇼핑하기

마이해빗닷컴은 아마존의 디자이너 패션 세일 쇼핑몰입니다. 프라이빗 세일 사이트로 아마존 계정으로 로그인해야 상품을 볼 수 있고 결제도 아마존 계정에 입력된 신용카드로 진행됩니다. 매일 판매되는 제품이 달라지고 수량이 한정적이기 때문에 품절이 빠르며, 무엇보다 저렴한 가격으로 쇼핑이 가능합니다. 한국 직배송료도 주문 후 3~5일 내에 도착하는 priority shipping 이 $25로 저렴하다는 장점이 있습니다.

프라이빗 샘플 세일 쇼핑몰의 특징이 가격이 저렴한 대신 수량이 많지 않고 품절이 빠르다는 점입니다 매일 판매하는 브랜드와 제품이 달라지므로 MYHABIT에서 보내주는 이메일과 MYHABIT 사이트를 수시로 확인하는 게 좋습니다.

http://www.zulily.com

13 줄러리에서 엄마와 아기 커플룩 쇼핑하기

줄러리는 매일 세일하는 브랜드와 품목이 바뀌는 베이비 & 맘 전용 프라이 빗 세일 쇼핑몰입니다. 크록스 같은 패밀리 브랜드도 세일을 하는데 정상가에서 70% 이상 할인된 가격으로 구매가 가능합니다. 한국 직배송도 하지만, 주문 후 배송시작까지 시간이 오래 걸리므로 배송대행을 이용하는 편이 유리합니다. 배송대행 시, 서부시간 기준으로 0시부터 23시 59분까지 한 번 배송료를 내면 여러 번 주문하더라도 추가 배송료를 부담하지 않습니다.

 퍼니쇼퍼'팁

하나의 주문에도 배송이 여러 개로 나뉠 수 있고, 배송이 늦기로 유명한 쇼핑몰입니다. 간혹 오배송도 있을 수 있기 때문에 마음의 여유를 갖고 주문해야 합니다. 친구를 추천(refer a friend)하여 그 친구가 구매하면 $15의 적립금을 주기도 합니다.

14 조마샵에서 구찌 시계 쇼핑하기

조마샵은 명품 또는 디자이너 브랜드의 시계, 핸드백 등의 패션 액세서리 아울렛입니다. 조마딜(http://www.jomadeals.com)은 조마샵의 1일 특가 상품만 모아 놓은 곳으로 조마샵과 같은 사이트입니다. 미국 내 배송료는 상품 당 $5입니다.

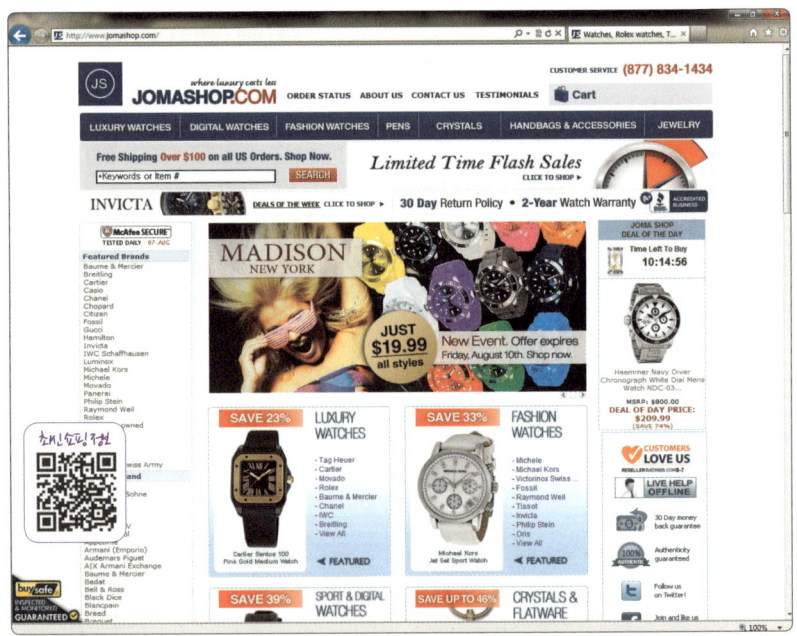

 퍼니샤퍼'팁

조마딜에서 특가로 나온 상품을 몇 번 구매했는데 배송도 빠르고 만족도도 매우 높았습니다. 버버리 반지갑을 $100도 안 되는 가격에 구매하기도 해서 기분 좋은 쇼핑이 가능했습니다. 배송비가 상품마다 $5씩 들어가기 때문에 저렴한 상품은 여러 개 구매하지 않는 것이 좋습니다.

70% 싸게

http://www.forzieri.com

15 포지애리에서 명품 핸드백 쇼핑하기

브릭스, 크리스챤 디올, 펜디, 구찌, 마크 제이콥스 등 명품 디자이너 핸드백, 선글라스 등의 패션 액세서리 쇼핑몰입니다. 한국어 페이지도 제공하며 한국까지 배송도 해주고 있습니다. 기본 배송료는 25,000원이고, 21만원 이상 구매하면 한국까지 무료배송도 해줍니다. 미국 내 배송료는 $9.95부터 시작하며 구매금액에 따라 차등 적용되는데 $125 이상 구매하면 무료배송됩니다.

퍼니샤퍼'팁

포지애리 한국 사이트는 관세가 포함된 금액이므로 달러로 결제한 후에 배송대행을 통해 받는 것보다 총 비용이 증가할 수 있습니다. 따라서 환율과 관세 등을 잘 계산해 보고 구매하는 것이 유리합니다.

http://www.hannaandersson.com

16 한나앤더슨에서 유기농 면옷 쇼핑하기

한나앤더슨은 유기농 면으로 옷을 만드는 브랜드입니다. 유기농 면으로 제작되어 인체에 무해해 피부가 민감한 아이들에게 좋습니다. 아이와 부모가 커플룩으로 입기에 좋은 패턴의 옷을 많이 만드는데다 옷감의 품질이 좋아 오랫동안 입어도 옷이 쉽게 낡지 않기 때문에 많은 소비자가 선호하는 브랜드입니다.

🎁 퍼니쇼퍼'팁

아이 옷 사이즈는 80부터 시작하는데 숫자는 키를 나타냅니다. 디자인을 잘 고르면 보통 160 정도의 옷은 성인 여성도 입는 것이 가능합니다. women 사이즈는 미국의 숫자 사이즈를 참고하여 고르면 되는데 보통 다른 브랜드보다는 한 사이즈 작게 골라야 합니다. 해외쇼핑은 전반적으로 교환이나 환불이 불편하고 비용이 많이 들기 때문에 옷을 고를 때에는 반드시 size chart를 확인할 필요가 있습니다.

30% 싸게

17

http://www.armaniexchange.com

아르마니 익스체인지에서 의류 쇼핑하기

아르마니 익스체인지는 조르지오 아르마니의 산하 브랜드 중 가장 대중적인 디자인과 가격을 선보이기 때문에 한국에서도 인기가 많습니다. 그래서 직구인들 사이에서는 아르마니에서 구매하는 게 하나의 자랑처럼 되어있습니다. 신상은 모두 밀라노에 계신 회장님이 OK 해야 매장에서 판매할 수 있을 정도로 디자인에 대한 브랜드 철학이 항상 지켜지고 있습니다.

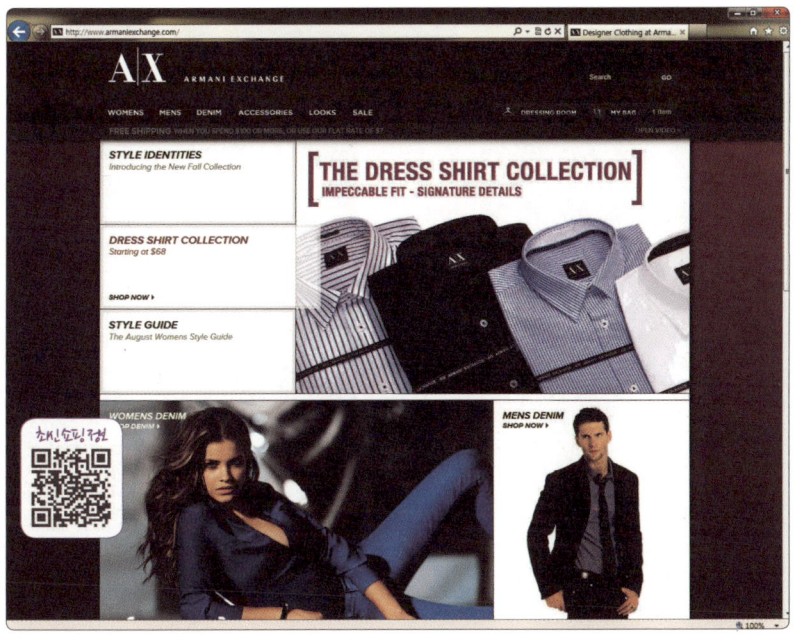

 **퍼니사퍼'팁**

결제 정보를 입력할 때 빌링 주소가 미국이나 캐나다여야 하기 때문에 해외겸용 신용카드는 사용할 수 없어 불편한 점이 있습니다. 그래서 기프트카드를 구하거나 페이팔 미국 계정, 구글 월렛으로 구매해야 합니다. $100 이상 구매하면 미국 내 무료배송이 됩니다.

50% 싸게

http://www.ralphlauren.com

18 랄프로렌에서 캐주얼 의류 쇼핑하기

↘

랄프로렌 때문에 직구를 시작했다는 사람들이 있을 정도로 랄프로렌은 한국에서 가장 인기 있는 미국브랜드 중 하나입니다. 넥타이 디자이너로 시작해서 폴로를 사들이고 고가 라인인 블랙라벨과 퍼플라벨을 런칭하고 최근에는 져지 라인인 denim & supply까지 갖춘 랄프로렌은 미국 사회의 캐주얼을 선도하고 있습니다.

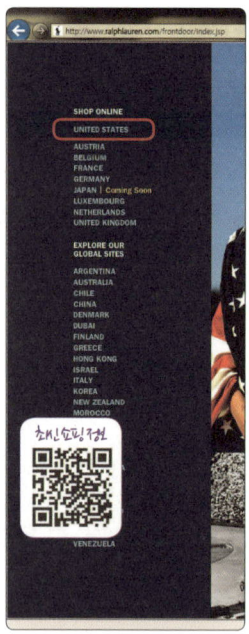

 퍼니샤퍼'팁

랄프로렌에서 남성 옷을 구매할 때는 슬림 핏이라고 되어 있는 것은 일반 미국 사이즈로 사면 되고, 클래식 핏은 한 사이즈 작은 사이즈로 구매해야 합니다. 랄프로렌은 $195 이상 구매하면 미국 내 무료배송이 됩니다. 그리고 랄프로렌의 대학생을 위한 브랜드 럭비닷컴(http://www.rugby.com)은 랄프로렌의 세컨드 브랜드이지만 독립된 사이트를 가지고 있어서 같이 주문할 수는 없습니다.

19

http://www.edressme.com

이드레스미에서 원피스 쇼핑하기

이드레스미는 BCBG, NICOLE MILLER, SUE WONG 등 디자이너 드레스를 판매하는 쇼핑몰입니다. 미국에선 원피스류를 모두 드레스라고 하는데 칵테일, 파티, 캐주얼, 이브닝, 웨딩드레스 등 다양한 드레스를 저렴하게 구매할 수 있습니다. 드레스를 위한 쉐이프웨어와 드레스에 어울리는 신발, 액세서리, 핸드백 등도 판매하고 있습니다.

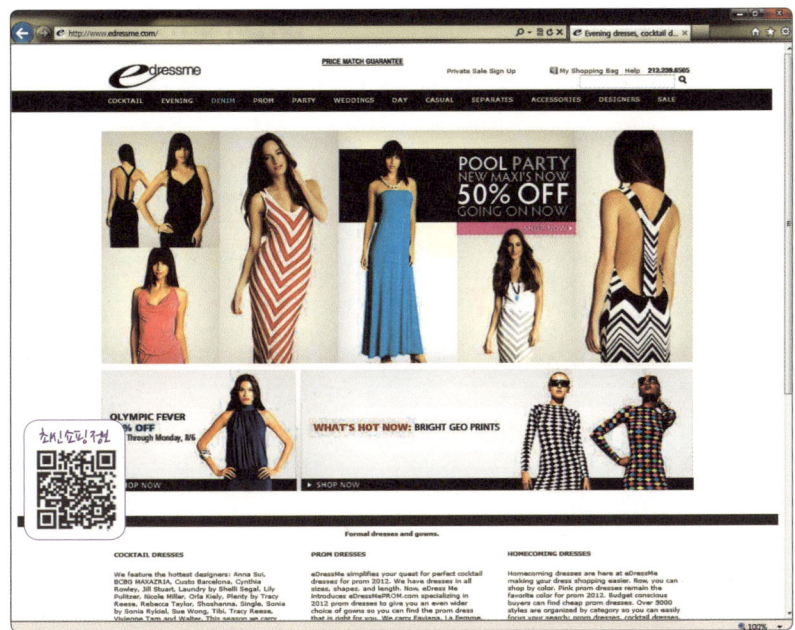

 **퍼니샤퍼'팁**

이드레스미는 장바구니에서 체크아웃하는 과정에서 회원가입이 가능합니다. 계정은 YAHOO, GOOGLE, AOL에서 사용하고 있는 계정으로 로그인할 수 있습니다.

40% 싸게

http://www.victoriassecret.com

20 빅토리아 시크릿에서 수영복 쇼핑하기

빅토리아 시크릿은 미국시장 1위의 여성 속옷회사로 속옷, 수영복, 신발, 향수까지 여성의 몸에 밀착되는 다양하고 아름다운 디자인의 상품을 판매하며 한국까지 배송도 해줍니다. 빅토리아 시크릿 패션쇼는 1995년부터 시작되었는데 지젤 번천, 나오미 캠벨, 하이디 클룸 등 하이패션 모델로 성장한 많은 모델들이 빅토리아 시크릿 패션쇼를 통해 데뷔하거나 유명해졌습니다.

 **퍼니샤퍼'팁**

한국까지 직배송을 이용하면 구매 금액에 따라 배송비가 차등 적용되기 때문에 배송비 정책을 미리 살피는 것이 좋습니다. 또 빅토리아 시크릿에서는 향수도 구매할 수 있는데 우편으로 국내 반입이 가능한 양은 한 패키지에 1병 2oz(약 60ml)이므로 여러 병을 주문하지 않도록 주의합니다.

50% 싸게

21

http://www.karmaloop.com

카마룹에서 운동화 쇼핑하기

스트리트브랜드를 주로 취급하는 카마룹은 젊은 세대들이 가장 많이 이용하는 해외 편집샵입니다. 세일 기간에는 정가의 75% 이상 할인되고 할인쿠폰으로 추가 할인이 가능합니다. 또 686, G-star, RVCA, Obey, LRG 등 국내에선 흔히 구할 수 없는 브랜드의 상품이 많아 여성은 물론 남성들도 선호하는 쇼핑몰입니다.

퍼니샤퍼'팁

한국 직배송을 이용하면 배송료가 $30 이상 들기 때문에 배송대행으로 주문하는 경우가 많습니다. 배송대행을 이용할 때에도 카마룹은 빌링 주소를 반드시 한국으로 입력해야 합니다.

30% 싸게

http://www.ae.com

22 아메리칸 이글 아웃피터스에서 청바지 쇼핑하기

↘

아메리칸 이글 아웃피터스는 미국 캐주얼 패션 브랜드로, 홀리스터(http://www.hollisterco.com), 아베크롬비 앤 피치(http://abercrombie.com)와 더불어 국내 미진출 브랜드지만 우리나라에서 많이 사랑받는 브랜드이기도 합니다. ae.com에서는 성인라인인 아메리칸이글, 세컨 브랜드로 여성 속옷 aerie, 키즈 브랜드로 77kids를 함께 구매할 수 있습니다.

배송대행을 이용할 때는 홈페이지 하단의 국기 이미지를 클릭해서 국가를 미국으로 변경해야 하지만, 빌링 주소는 직배송이나 배송대행 구분 없이 반드시 한국 주소를 입력해야 주문이 진행됩니다.

30% 싸게

23

[영국] http://www.boden.co.uk   [미국] http://www.bodenusa.com

영국 브랜드 보덴에서 청바지 쇼핑하기

영국 브랜드 보덴은 한국에 없는 브랜드로, 옷의 품질이 좋기로 정평이 나있습니다. 성인 남녀뿐만 아니라 아이들 옷을 구매하기도 좋은 쇼핑몰입니다. 보덴은 영국 브랜드이기 때문에 보덴 영국을 이용하면 저렴한 배송비를 지불하고 한국으로 바로 받을 수 있습니다.

🎁 **머니세이버'팁**

보덴 영국은 국가를 [United Kingdom]으로 선택하고 한국 직배송을 이용할 때는 [Don't know post-code or address outside of the UK]를 선택하면 됩니다. 이때 배송비는 12파운드(약 21,000원)입니다. 보덴 미국은 국가를 [USA]로 선택하거나 보덴USA(http://www.bodenusa.com)로 들어가서 주문하면 되는데, 배송료는 $10이지만 무료로 해주는 경우가 대부분입니다. 따라서 배송대행료가 12파운드보다 저렴하다면 배송대행을 이용하는 것이 좋지만 영국에서 미국으로 배송하기 때문에 주문 후 배송기간은 약 10~20일 정도 소요됩니다.

50%
싸게

http://www.gap.com

24 갭 라인 한 번에 쇼핑하기

미국의 가장 대중적인 패션브랜드 갭(GAP)의 공식 온라인 쇼핑몰로 서브 브랜드로 중저가의 올드네이비(oldnavy)와 성인 전용 바나나 리퍼블릭(banana republic), 디자이너 브랜드의 의류, 잡화, 신발 등을 취급하는 파이퍼라임(piperlime), 여성 요가 운동복 브랜드인 애쓸레타(athleta)를 한 번에 쇼핑할 수 있습니다.

 퍼니사퍼'팁

파이퍼라임(http://www.piperlime.com)은 갭 계열사지만 디자이너 브랜드의 의류와 신발, 핸드백, 액세서리 등을 판매하고 있습니다. 갭 계열 브랜드의 상품은 하나의 장바구니에 표시되는데, 갭 주문 시 파이퍼라임에서 파는 상품을 포함하면 조건 없이 미국 내 3~5일 무료배송이 됩니다. 한국 직배송도 가능하지만 갭 라인은 무관세 조건에서도 관세와 높은 배송비가 청구되어 배송대행을 권장합니다.

50% 싸게

http://www.endless.com

25 엔들리스에서 구두 쇼핑하기

엔들리스는 아마존의 신발, 핸드백 전문 쇼핑몰입니다. 아마존 자체 셀러와 엔들리스가 판매하는 제품은 같지만 가격이 다를 수 있으므로 아마존에서 동일한 제품을 찾아보고 가격을 비교한 후에 주문하는 편이 좋습니다. 이곳에서 $125 미만 구매하면 한국까지 배송료가 $10이고, $125 이상 구매하면 배송료가 무료이기 때문에 때로는 제품 가격이 조금 비싸더라도 엔들리스에서 주문하는 것이 이익일 수도 있습니다.

 펀니샤퍼'팁

한국 직배송의 경우 주문금액이 $100 이상이 되면 관세 보증금(deposit)으로 20% 정도를 추가로 지불합니다. 관세보증금은 관세를 실제로 납입하지 않았을 경우 환불 받을 수 있는데 약 45일 정도 걸립니다. 따라서 관세보증금 환불 등의 과정이 번거로우면 배송대행을 이용하는 게 좋습니다.

http://www.asos.com

26 영국 에이사스닷컴에서 유명 디자이너 의류 쇼핑하기

에이사스닷컴은 영국의 대표적 온라인 패션, 뷰티 쇼핑몰입니다. 한국에서는 찾아보기 힘든 영국의 유명디자이너의 브랜드를 쉽게 구매할 수 있다는 점과 구매금액의 제한 없이 국제배송이 무료라는 점이 매력적입니다.

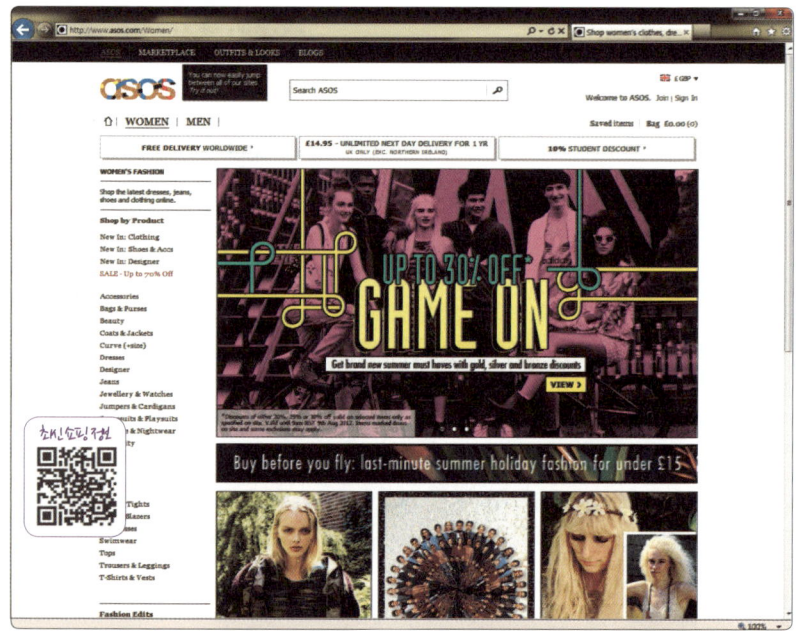

 퍼니샤퍼'팁

에이사스닷컴은 영국 쇼핑몰이기 때문에 영국화폐인 파운드로 가격이 지정되어 있습니다. 달러로 변환하여 결제할 수도 있지만 파운드 상태로 결제하는 게 조금 더 저렴합니다. 해외배송이기 때문에 배송기간이 길고, 환불이나 교환이 불편할 수 있습니다.

30% 싸게

27

http://www.danskin.com

댄스킨에서 발레복 쇼핑하기

여자 아이들의 발레복인 투투를 비롯한 아이와 성인 발레복, 피트니스, 요가 브랜드인 댄스킨의 온라인 숍입니다. 의류뿐만 아니라 액세서리와 운동 기구 등도 판매하고 있습니다. $75 이상 구매하면 미국 내 무료배송이 됩니다.

퍼니샤퍼'팁

시즌을 마감할 때 재고정리를 위해 큰 세일을 하는데 이때 가장 저렴하게 구매할 수 있습니다. 할인쿠폰이 세일 상품에도 적용되기 때문에 특가로 구매할 수 있는 기회이기도 합니다. 쿠폰 사용 시에는 할인 후 $75 이상 구매했을 때 미국 내 배송료가 무료입니다.

30%
싸게

http://www.djpremium.com

28 DJ프리미엄에서 스포츠 의류 쇼핑하기

↘

프리미엄 데님 브랜드 세븐진, 트루 릴리젼, 디젤 등과 스포츠 브랜드 나이키, 노스페이스 등의 의류와 신발, 가방 등을 판매하는 편집 쇼핑몰입니다. $150 이상 구매하면 미국 내 무료배송이 됩니다.

 퍼니샤퍼'팁

결제과정에서 빌링 주소는 한국으로 적어야 하며, 첫 주문 시 신용카드로 소액승인을 내고 해당 승인금액을 알려달라는 과정을 거쳐 카드 정보를 확인하기도 합니다. 이런 경우에는 당황하지 말고, 소액 승인금액을 알려주면 됩니다. 만약 알려주지 않으면 주문이 취소되니 쇼핑몰에서 보내온 이메일을 꼼꼼히 확인하기 바랍니다.

30% 싸게

29

http://www.ebags.com

이백스에서 가방 쇼핑하기

키플링, 베라브래들리, 투미 등의 브랜드 핸드백, 배낭, 여행가방 전문 쇼핑몰입니다. 미국 내 기본 배송료는 $4.95로 시작하여 주문금액별로 증가하지만 무료배송 쿠폰과 할인쿠폰을 상시 발행해주기 때문에 배송비를 아낄 수 있습니다. 또 이백스는 샵러너 가맹점이기 때문에 샵러너 멤버는 소액 주문 시에도 미국 내 무료배송이 됩니다.

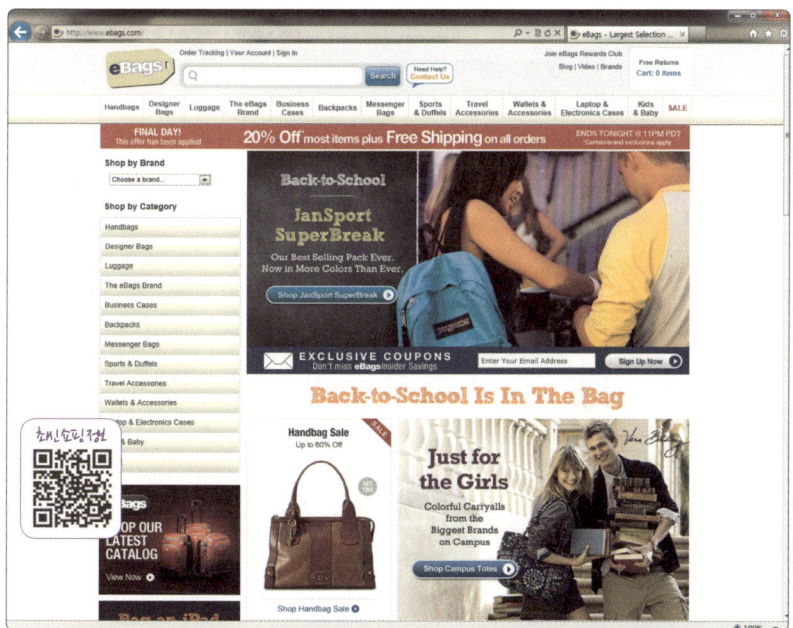

 **퍼니샤퍼'팁**

20% 쿠폰이 자주 발행되는데 할인이 안 되는 브랜드도 있으니 구입할 때 확인이 필요합니다. 할인이 되는 상품은 'After 20% off'라는 문구가 표시되며 할인가격이 문구 밑에 빨간 글씨로 적혀있습니다.

http://www.freshpair.com

30 프레시페어에서 속옷 쇼핑하기

프레시페어는 캘빈 클라인, DKNY, HANES 등 유명 속옷 브랜드 쇼핑몰입니다. 미국 내 배송은 무료이며, 배송대행을 이용할 때 빌링, 쉬핑 주소는 배송대행지의 주소를 입력해야 할인쿠폰을 사용할 수 있습니다. 한국 직배송을 이용할 때는 할인쿠폰을 사용할 수 없으며, 빌링, 쉬핑을 한국 주소로 입력합니다. 이때 한국까지 배송료는 $9.95입니다.

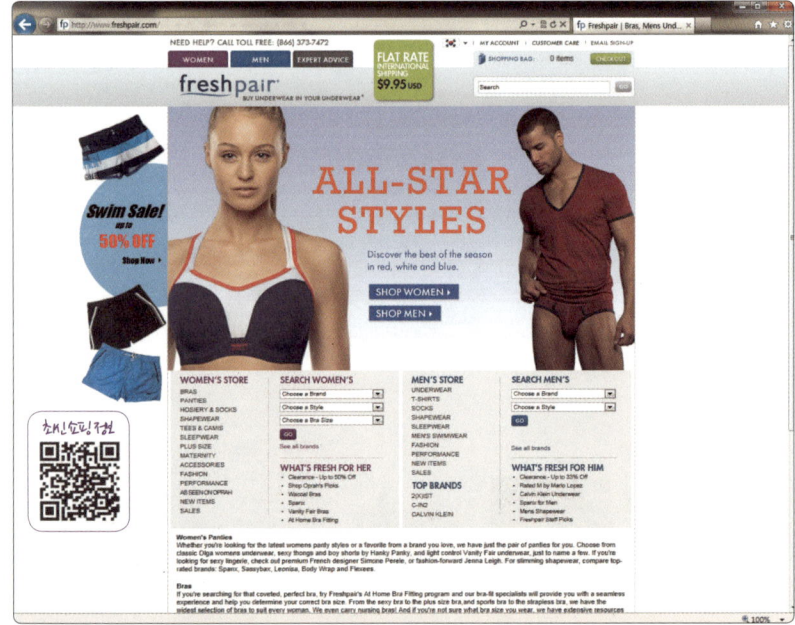

🎁 퍼니사퍼'팁

직배송료가 저렴하긴 하지만 쿠폰을 사용할 수 없으므로, 쿠폰이 있을 경우에는 배송대행으로 구매하는 편이 유리합니다. 속옷은 백화점 온라인 쇼핑몰과 가격비교를 해본 후 구매하기를 권장합니다.

30% 싸게

31

http://www.jcrew.com

제이크루에서 버락 오바마처럼 쇼핑하기

↘

제이크루는 버락 오바마가 즐겨 입었다고 해서 유명해진 브랜드입니다. 한때 한국에서 인터넷으로 쇼핑몰에 접속하는 것을 막기도 했지만, 현재는 한국까지 배송해주고 있습니다. 미국 내 배송료는 $175 이상 구매했을 때 무료이며 한국까지 배송료는 구매금액 관계없이 일괄 35,000원입니다.

 **펀내사머'팁**

제이크루는 여성 옷이 조금 작게 나오는 편이라 여러 번 테스트로 구매해본 뒤에 본인 사이즈에 맞는 것을 찾는 게 중요합니다.

http://us.levi.com/home

32 리바이스에서 청바지 특가로 쇼핑하기

데님 브랜드 리바이스의 공식 쇼핑몰입니다. 75%까지 세일하면서 거기에 추가 50%까지 세일 하는 등 폭탄세일이 종종 있으므로 정말 저렴하게 구매가 가능합니다. $100 이상 구매하면 미국 내 무료배송이 됩니다.

 퍼니샤퍼'팁

공식 홈페이지에서는 해외겸용 신용카드를 사용할 수 없으므로 구매대행을 이용하거나 미국 페이팔로 결제해야 합니다. 아마존에 리바이스 스토어가 있으므로 아마존이나 백화점 사이트 등을 이용하면 해외겸용 신용카드로 구매할 수 있습니다.

http://www.oakleyvault.com

33 오클리아울렛에서 선글라스 쇼핑하기

선글라스로 유명한 오클리(http://www.oakley.com)의 공식 아울렛 쇼핑몰입니다. 오클리 선글라스 및 의류, 액세서리 등을 70% 이상 세일된 가격으로 구매할 수 있습니다. 회원가입은 장바구니에 물건을 하나 넣은 후 결제하는 과정에서 할 수 있습니다. $100 이상 구매하면 미국 내 무료배송이 됩니다.

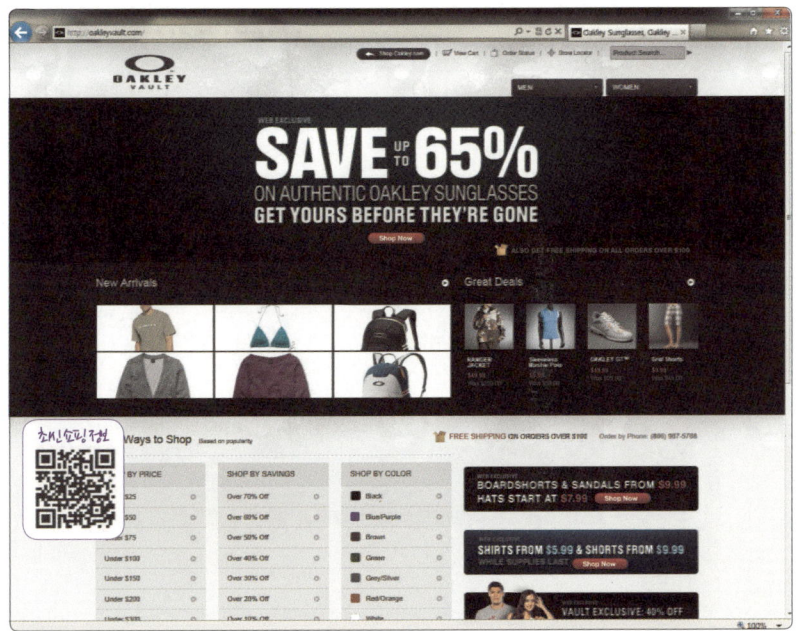

 펀LI쇼퍼'팁

해외겸용 신용카드로 주문하면 취소되는 경우가 많으므로 한 번 시도해본 뒤에 주문이 취소되면 구매대행을 이용하는 것이 좋습니다.

30% 싸게

http://www.toryburch.com

34 토리버치에서 리조트룩 쇼핑하기

튜닉, 발레리나 플랫, 리조트룩으로 대표되는 최근 몇 년간 가장 많이 성장한 브랜드 토리버치의 공식 홈페이지입니다. 최근 다른 브랜드도 토리버치의 T자 문양을 비슷하게 만든 로고를 많이 만들기도 할 만큼 인기가 대단합니다. $300 이상 구매하면 미국 내 무료배송이 됩니다.

 퍼니샤퍼'**팁**

토리버치에서 쿠폰이 발행되더라도 토리버치의 스테디 셀러인 레바플렛은 쿠폰 적용이 안 됩니다. 따라서 레바플렛은 토리버치 온라인 쇼핑몰에서 세일할 때 구매하거나, 백화점 사이트나 샵샵 등에서 할인쿠폰이 발행됐을 때 구매하는 것이 저렴합니다.

50% 싸게

35

http://www.urbanoutfitters.com

얼반 아웃피터스에서 빈티지 룩 쇼핑하기

미국의 유명한 빈티지 편집샵인 얼반 아웃피터스의 온라인 쇼핑몰입니다. Levi's, cheap Monday, Vans 등 많은 스트리트 브랜드의 제품이 저렴한 가격과 파격적인 가격으로 판매되어 많은 사랑을 받고 있습니다. $50 이상 구매하면 미국 내 배송료가 무료이며 한국까지 배송료는 $30부터 시작합니다.

퍼네샤퍼'팁

세일을 많이 하고 국내에서는 구하기 힘든 브랜드와 디자인이 많아 인기 있는 쇼핑몰입니다. 하지만 사진과 다른 상품이 배송될 수도 있기 때문에 배송대행지를 통해 꼼꼼히 검품해달라고 요청하는 게 좋습니다.

70% 싸게

http://www.6pm.com

36 6PM에서 착한 가격으로 신발 쇼핑하기

아마존 계열사인 자포스(zappos)의 아울렛으로 신발, 의류 등 저렴한 제품들이 많아 미국 현지뿐만 아니라 한국에서도 매우 인기 있는 쇼핑몰입니다. 간혹 사이즈나 제품이 잘못 배송되는 경우가 있으니 배송대행지에 주문한 물건과 도착한 물건이 맞는지 꼼꼼한 확인을 부탁해야 합니다. 미국 내 배송료는 무조건 무료이기 때문에 부담 없이 쇼핑이 가능합니다.

 퍼니쇼퍼'팁

6PM은 과거에 해킹을 당한 적이 있기 때문에 회원가입 시 비밀번호를 까다롭게 요구합니다. 비밀번호는 8자리 이상으로 대소문자 다른 문자 1개 이상, 숫자나 특수문자 1개 이상을 사용해야 합니다. 구매에 따른 포인트 제도인 6PMBrandaholics를 통해 매 400포인트 도달 시마다 10% 할인쿠폰을 받을 수 있습니다.

30% 싸게

http://www.eastbay.com

37 이스트베이에서 나이키 운동화 쇼핑하기

이스트베이는 나이키, 아디다스 등 스포츠용품, 의류, 신발, 가방 등의 전문 쇼핑몰로 1980년 창립해 지금까지 운영하고 있는 오래되고 믿을 만한 회사입니다. 라이브 채팅으로 커스터머 서비스와 연결할 수 있습니다. 미국 내 배송은 기본 배송료 $7.99에 상품 당 $1.99씩 증가하며, 무료배송 쿠폰 또는 주문 할인쿠폰이 상시 발행됩니다.

 **퍼니샤퍼'팁**

이스트베이의 멤버십인 로열티 클럽은 다양한 혜택이 있습니다. 등급은 실버(연회비 $9.99, 미국 내 무료배송), 골드(연회비 $19.99, 25% 할인쿠폰, 미국 내 3일 무료배송), 플래티늄(연회비 $29.99, 25% 할인쿠폰, 미국 내 2일 무료배송, 반품 시 배송료 무료)으로 구분됩니다. 빌링 주소는 반드시 한국으로 입력해야 주문이 진행됩니다.

http://www.roadrunnersports.com

로드러너 스포츠에서 스포츠 용품 VIP 할인 받기

로드러너 스포츠는 VIP 패스를 구입하면 1년 동안 VIP 할인가로 구매가 가능한 서비스를 제공합니다. 또한 VIP만을 위한 특별할인 프로모션도 진행해서 10% 이상 저렴하게 구입할 수 있습니다.

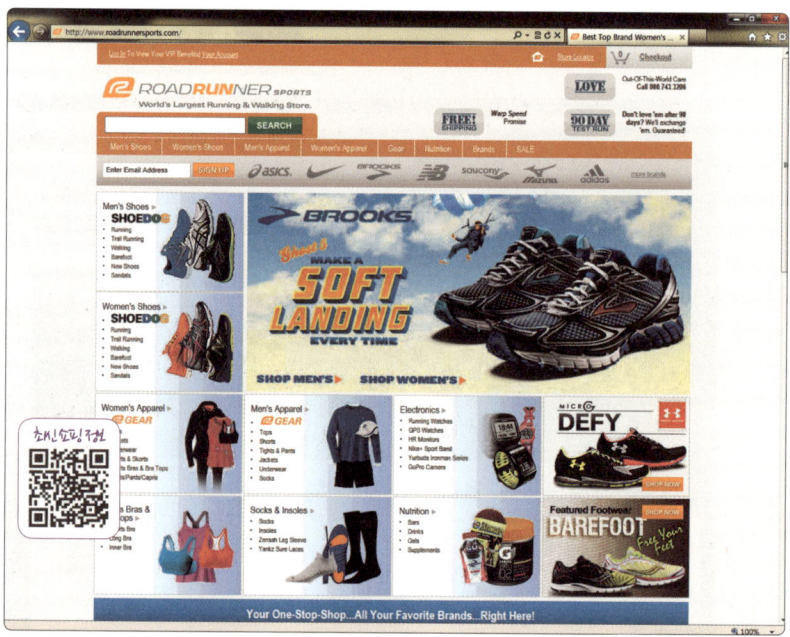

 퍼니쇼퍼'팁

로드러너 스포츠의 멤버쉽인 VIP 패스는 미국 내 배송비 무료, 10% 추가할인, 테스트로 신어보고 90일 이내 리턴 가능, VIP 특별할인행사 등이 있으며, VIP 패스 첫해 가격은 $1,990이며 VIP 패스를 더 이상 유지하고 싶지 않다면, 로그인 후 [my account]의 [Problems with membership status?] 메뉴에서 [update] 링크를 눌러 [Are you a VIP member?] 문의 중 [No. I'm not interested in saving money today.]를 선택하여 추가로 VIP 패스 연회비 내는 것을 중단할 수 있습니다.

70% 싸게

39 피니쉬라인에서 브랜드 신발 저렴하게 쇼핑하기

http://www.finishline.com

피니쉬라인은 운동화 및 스포츠브랜드 아울렛으로 나이키 등 유명 브랜드 신발을 항상 세일하고 있어, 저렴하게 구매할 수 있습니다. 재고가 있는 오프라인 매장에서 직접 배송하는 시스템이므로 한 주문에 3켤레를 주문해도 각각 따로 배송될 수 있습니다.

 **퍼니샤퍼'팁**

피니쉬라인에서 판매되는 상품은 무료배송 상품과 유료배송 상품으로 나뉘며, 무료배송 상품을 포함하여 주문하더라도 유료배송 상품은 배송료를 내야 합니다. 막장라인이라는 별칭을 갖고 있을 정도로 배송이 제각각이고 불량이 자주 발생합니다. 따라서 배송대행지에 검품요구를 반드시 해야 합니다.

http://www.toms.com

40 탐스슈즈닷컴에서 신발 사고 난민 돕는 쇼핑하기

탐스슈즈닷컴은 신발 한 켤레를 사면 또 한 켤레를 제3세계 난민들을 위해 기부하기 때문에 필요한 신발도 사고 기부도 할 수 있는 일석이조의 쇼핑 몰입니다. 스타일리쉬하면서도 편안한 신발로 수년 전부터 많은 인기를 끌고 있으며, 동일한 디자인으로 온 가족이 패밀리룩을 완성할 수 있습니다. 토들러는 tiny toms, 청소년들은 youth, 어른들은 성인용을 신으면 됩니다.

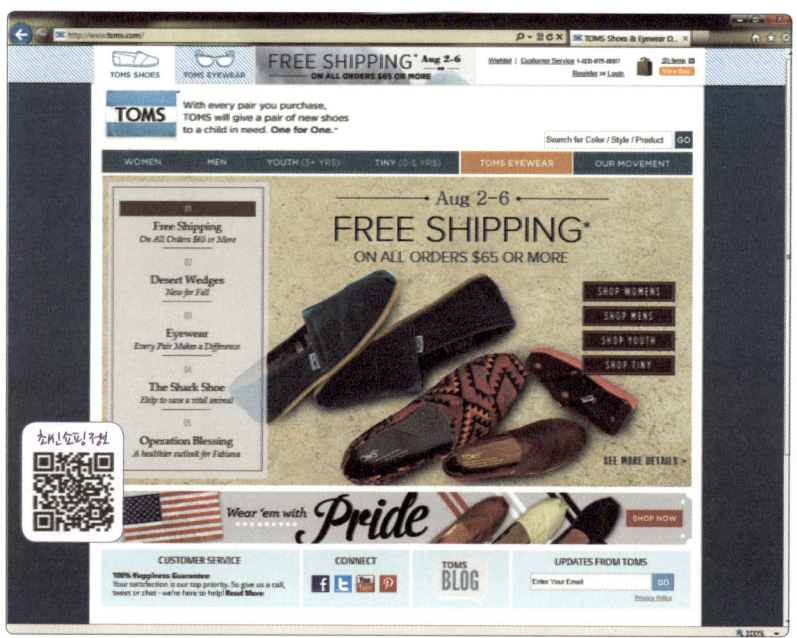

 퍼니샤퍼'팁

청소년 신발 사이즈인 youth는 발이 작은 여성도 신을 수 있습니다. 국내 신발 사이즈와 비교하면 youth 4=230(women 6), youth 5=240(women 7), youth 6=250(women 8)이므로 쇼핑할 때 참고하면 좋습니다.

신발 | 직배송 | 배송대행 | 신용카드 | 페이팔 | 구글 월렛

미국계정

http://www.crocs.com

41

크록스에서 가족 신발 쇼핑하기

↘

크록스 브랜드 공식 쇼핑몰로 해외겸용 신용카드는 결제가 안 되기 때문에 구매대행을 이용해야 합니다. 공식 쇼핑몰 말고 크록스를 파는 곳은 많이 있지만 공식 쇼핑몰만의 세일행사와 쿠폰으로 저렴하게 구입이 가능한 것이 장점이므로 세일 정보를 확인했다가 이용하면 좋습니다.

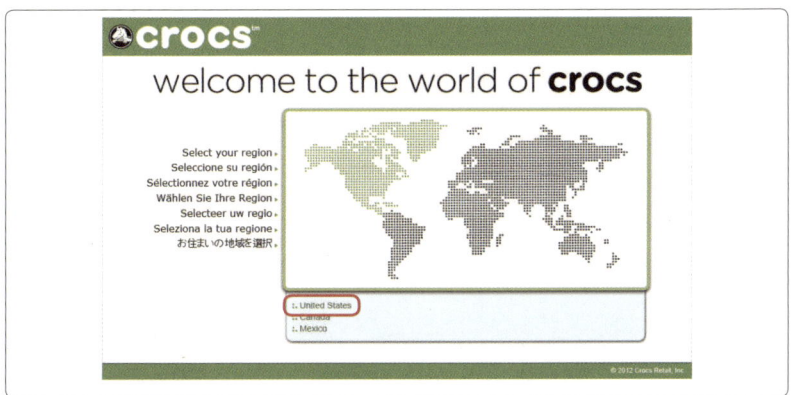

 퍼니샤퍼'팁

결제를 진행할 때 신용카드 승인이 되더라도 주문이 완료되지 않은 상태에서는 매입이 되지 않기 때문에 청구되는 일은 없습니다. 참고로 미국 내 배송료는 $70 이상 구매했을 때 무료지만 할인쿠폰과 무료배송 쿠폰이 항상 있고 중복 혜택까지 받을 수 있어서 거의 모든 주문을 무료배송으로 이용할 수 있습니다.

http://www.joesnewbalanceoutlet.com

42 조스뉴발란스아울렛에서 뉴발란스 특가로 쇼핑하기

↙

스포츠 브랜드 뉴발란스(http://www.newbalance.com)의 공식 아울렛 쇼핑몰입니다. daily deal이라고 해서 1일 특가세일 하는 상품들은 정가의 70~80%까지 세일합니다. $75 이상 구매하면 미국 내 무료배송이 됩니다.

 머니세이버'팁

뉴발란스 디자인은 무난하기 때문에 발이 작은 남성들이 여성화를 신기도 합니다. 남성 260은 MEN 8이고 여성사이즈로는 WOMEN 9에 해당합니다. 뉴발란스는 캘리포니아(CA) 지역으로 배송을 받으면 소비세가 부과되기 때문에 배송대행지를 캘리포니아 외 지역을 선택하면 세금 비용을 줄일 수 있습니다.

43 슈바이에서 신상 신발 저렴하게 쇼핑하기

http://www.shoebuy.com

슈바이에서 판매되는 상품이 저렴한 편은 아니지만 항상 20% 할인쿠폰이 있기 때문에 크록스 신상품이나 세일을 안 하는 브랜드의 제품을 사기에 좋습니다. 계열사로 백스바이(http://www.bagsbuy.com)가 있으며 미국 내 배송비는 모두 무료입니다.

여러 개의 상품을 주문할 때 배송대행지로 배송하면 리셀러로 판단되어 주문이 취소될 수 있습니다. 따라서 5켤레 미만으로 주문하는 것이 좋습니다.

50% 싸게

http://www.shoemetro.com

44 슈메트로에서 디자이너 신발 쇼핑하기

슈메트로는 디자이너 신발 아울렛 쇼핑몰입니다. Ash, Coach, UGG Australia 등의 이월상품을 저렴한 가격에 구매할 수 있으며, 주문하면 보통 48시간 이내에 배송이 이루어져 배송대행지를 거치더라도 빠르면 주문 후 1주일 이내에 한국에서 받아볼 수 있습니다.

 **퍼니사퍼'팁**

배송이 대부분 유료로 이뤄지고, 할인쿠폰은 한 주문에 1개만 사용할 수 있습니다. 따라서 배송비 무료 행사를 할 때 할인쿠폰을 사용하여 주문하는 것이 현명한 방법입니다. 또 재고가 적어지면 상품의 가격이 떨어지기도 하므로 사고 싶은 상품의 가격을 수시로 확인하는 것이 좋습니다.

30%
싸게

45

http://www.golfsmith.com

골프스미스에서 골프 용품 쇼핑하기

골프스미스는 1967년부터 시작된 골프클럽, 골프화, 의류 등 골프전문 쇼핑 몰입니다. $125 이상 구매하면 미국 내 무료 배송되며, 그 미만은 배송료가 $6.99입니다. 한국까지 직배송료는 1파운드에 $42부터 시작하고 무게에 따라 배송료가 계속 증가하므로 빌링 주소를 국내 주소를 쓰고, 배송대행을 이용하는 것이 더 저렴합니다.

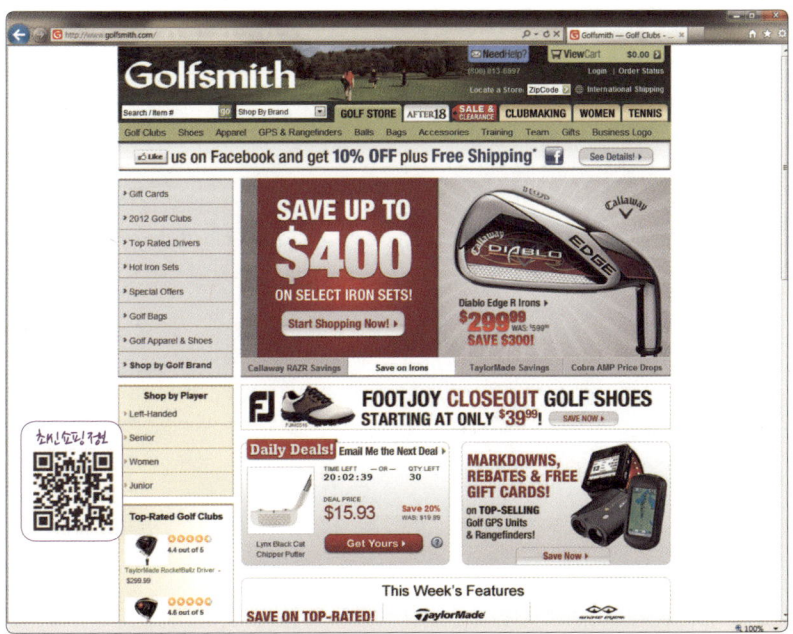

관세청에서는 골프클럽의 자가 사용범위를 15만원 이내로 지정하고 있습니다. 따라서 골프클럽 구매금액이 15만원 이상이면 관세 및 부가세와 더불어 특소세, 교육세, 농특세까지 부담해야 하니 고가의 물건을 주문할 때에는 이 부분까지 확인해야 합니다.

30% 싸게

http://www.shop.mlb.com

46 샵MLB에서 메이저리그 선수 유니폼 쇼핑하기

↘

샵MLB는 미국 야구 프로리그인 메이저리그 공식 쇼핑몰로 메이저리그 팀별로 구단복, 야구모자, 액세서리, 기념품 등을 구매할 수 있습니다. 이월상품은 clearance 코너에서 50% 이상 저렴하게 구매가 가능합니다.

 **퍼니사퍼'팁**

미국 내 배송료는 $2.95부터 시작하는데, 샵MLB가 샵러너 가맹점이기 때문에 샵러너 멤버는 미국 내 무료배송이 가능합니다. 한국까지 직배송 비용은 $40부터 시작되고, 주문금액과 부피에 따라서 배송비가 증가하기 때문에 배송대행이 더 저렴합니다.

http://www.nike.com

나이키에서 신상 나이키 운동화 쇼핑하기

스포츠 브랜드 나이키의 공식 쇼핑몰입니다. 한국에서 접속하면 나이키 코리아 사이트로 이동하기 때문에 나이키 코리아 홈페이지 왼쪽 하단에 있는 [언어변경]을 누르거나(http://www.nike.com/language_tunnel)에서 [Americas]의 [United States]를 선택하면 미국 공식 쇼핑몰로 이동할 수 있습니다.

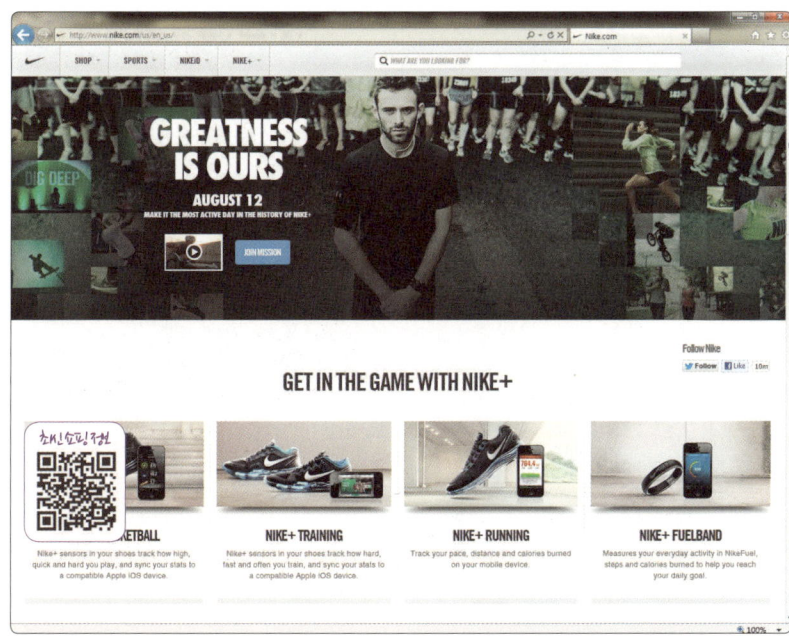

 퍼니샤퍼'팁

$125 이상 구매하면 미국 내 무료배송이 되며, 간혹 소액 구매 시 할인되는 쿠폰과 clearance 아이템 추가 20% 할인쿠폰 등이 발급돼 저렴하게 구매가 가능합니다. 해외겸용 신용카드로 결제할 수 없으므로 페이팔 미국 계정이나 구매대행을 통해 구매할 수 있습니다.

30% 싸게

48 샵퓨마에서 신상 퓨마 운동복 쇼핑하기

http://www.shop.puma.com

구찌 등을 보유한 패션 그룹 PPR의 스포츠 브랜드인 퓨마의 공식 온라인 쇼핑몰입니다. 신발, 의류, 액세서리 등 퓨마의 신상품 구매가 가능하며, 세일 코너에서는 시즌 오프 상품을 50% 이상 저렴한 가격으로 구매할 수 있습니다.

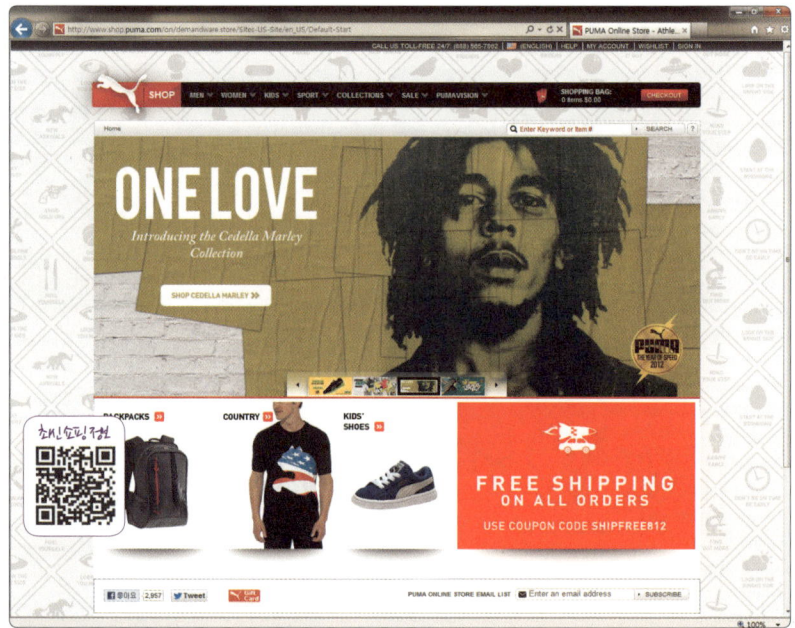

퍼니사퍼'팁

$85 이상 구매하면 미국 내 무료배송이 됩니다. 샵퓨마 홈페이지에 접속하면 한국 쇼핑몰과 미국 쇼핑몰 중 선택이 가능합니다. 이때 미국 쇼핑몰을 선택하면 해외겸용 신용카드를 사용할 수 없으므로 구매대행을 이용해야 합니다.

30% 싸게

49

http://www.shop.reebok.com

샵리복에서 신상 리복 운동화 쇼핑하기

스포츠브랜드 리복의 공식 온라인 쇼핑몰입니다. 주간 세일로 의류와 신발 최고 40%까지 할인하는 쿠폰이 나오므로, 리복 브랜드를 좋아한다면 좋은 가격에 구입이 가능합니다.

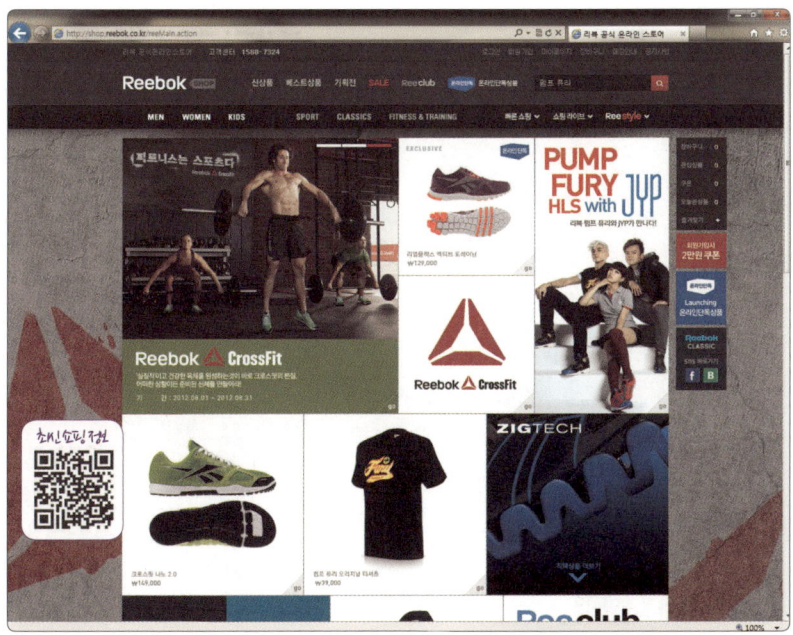

 **퍼니샤퍼'팁**

미국 내 무료배송이 가능하며, 해외겸용 신용카드로 결제할 수 없으므로 구매대행을 이용해야 합니다. 미국 페이팔을 이용하면 배송대행도 가능합니다.

http://www.soccer.com

50 사커닷컴에서 축구 용품 쇼핑하기

사커닷컴은 축구와 관련된 용품을 모두 갖추어 놓고 있는 쇼핑몰입니다. 축구복, 공, 축구화 등의 기본적인 상품부터 다양한 축구 장비, 모자 등 축구의 모든 것을 구매할 수 있습니다.

퍼니사퍼'팁

사커닷컴의 멤버십 프로그램인 Goal club은 연회비 $24.95입니다. 골클럽 멤버에게는 제품 가격은 10% 이상 할인해주며, 매 주문 시 보너스 포인트가 쌓여 포인트로 공짜 상품을 받을 수 있고, 골클럽 멤버를 위한 별도 프로모션이 제공됩니다. $100 이상 구매하면 미국 내 배송료가 $2.99입니다.

30% 싸게

51

http://www.underarmour.com

언더아모에서 기능성 스포츠 의류 쇼핑하기

기능성 스포츠 의류 브랜드 언더아모의 공식 쇼핑몰입니다. 공식 홈페이지에 아울렛 사이트도 같이 운영하는데, 아울렛에서는 정가에서 최고 50% 할인된 금액으로도 구매할 수 있습니다.

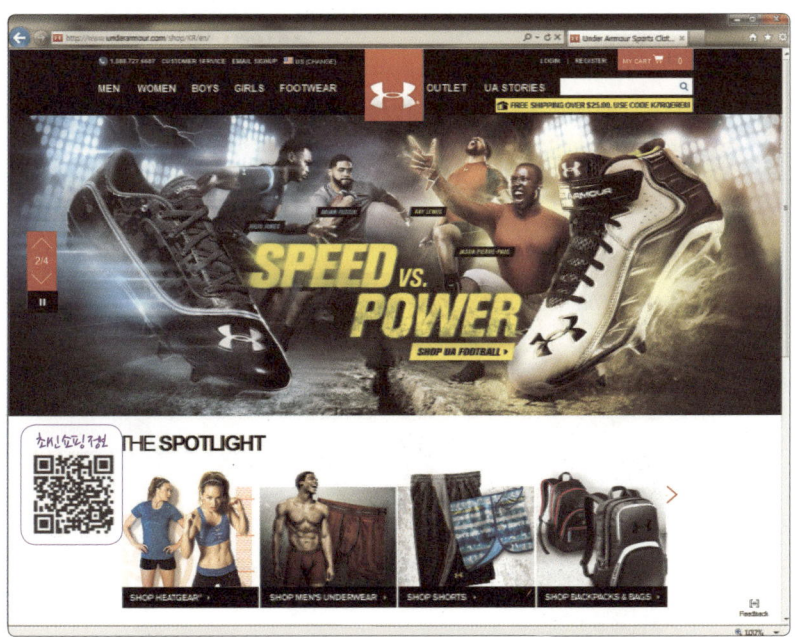

 **퍼니사퍼'팁**

해외겸용 신용카드를 사용하려면 직배송만 가능합니다. 만약 배송대행으로 주문하고 싶다면 페이팔 미국 계정을 이용해야 합니다.

스포츠 직배송 | 배송대행 신용카드 | 페이팔 | 구글 월렛

http://www.uscav.com

52 US카발리에서 기병대 용품 쇼핑하기

US카발리는 아웃도어, 밀리터리 룩 애호가를 위한 미국 기병대 쇼핑몰입니다. 미국 기병대의 의류, 액세서리, 신발은 물론, 심지어 군용식량도 구매할 수 있습니다.

 퍼니사퍼'팁

US카발리에서 판매되는 상품 중 일부는 배송이 불가능한 것도 있습니다. 배송에 제한 받을 수 있는 상품들은 chemical sprays(화학제살포), slingshots(새총), air guns(공기총), paintball guns(페인트볼 총), knives(칼), stun guns(전기 충격기), starter pistols(권총), bows(활), crossbows(석궁) 등입니다.

30% 싸게

http://www.moosejaw.com

53 무스쥐에서 기능성 아웃도어 의류 쇼핑하기

무스쥐는 노스페이스 등 아웃도어 의류와 잡화를 판매하는 브랜드 편집샵입니다. 무스쥐는 유명한 아웃도어 브랜드도 회원 등급별로 최소 10%에서 20%까지 적립금을 줍니다. 그 적립금은 2년 이내에 무스쥐 리워드(http://www.moosejawrewards.com)에서 물건을 구매하는데 사용할 수 있습니다.

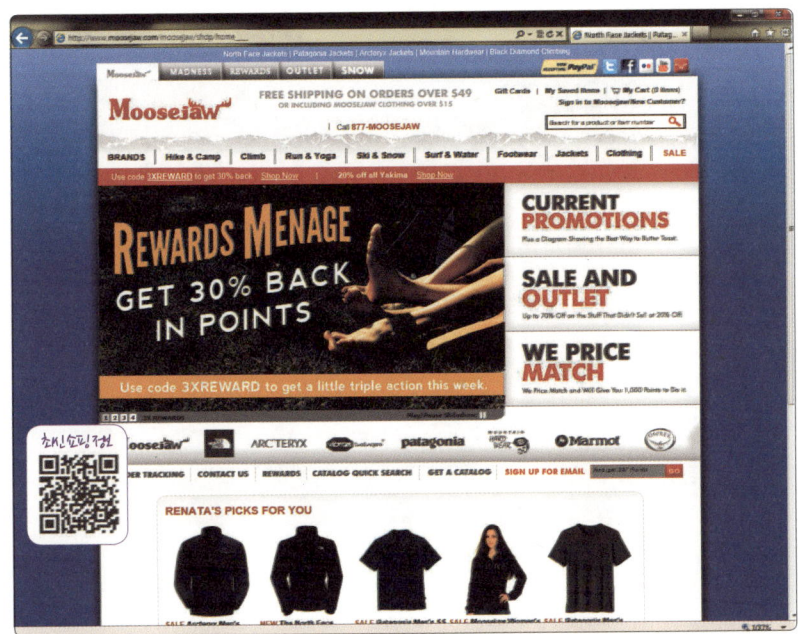

🎁 퍼니샤퍼'팁

무스쥐 쇼핑몰에서 판매하는 상품은 사이즈와 색상에 따라 가격이 달라질 수 있습니다. 또 첫 구매 시에는 소액 승인을 내고 그 승인금액을 물어보는 카드 인증절차를 거칠 수도 있으니 첫 거래 시 당황하지 않도록 합니다. 또한 빌링 주소는 배송대행을 이용하더라도 반드시 한국의 주소를 입력해야 합니다. 리워드샵에서 주문할 때는 무조건 배송료가 청구되지만 리워드 포인트로 결제가 가능합니다.

30% 싸게

http://www.altrec.com

54 알트랙에서 캠핑 용품 쇼핑하기

알트랙은 백컨트리와 레이 등과 함께 아웃도어 용품을 파는 사이트 중 구매율이 높은 곳입니다. 캠핑을 떠나려면 배낭, 텐트, 슬리핑백, 랜턴, 버터, 코펠 등 수많은 용품이 필요한데 모두 알트랙을 통해 구매할 수 있습니다.

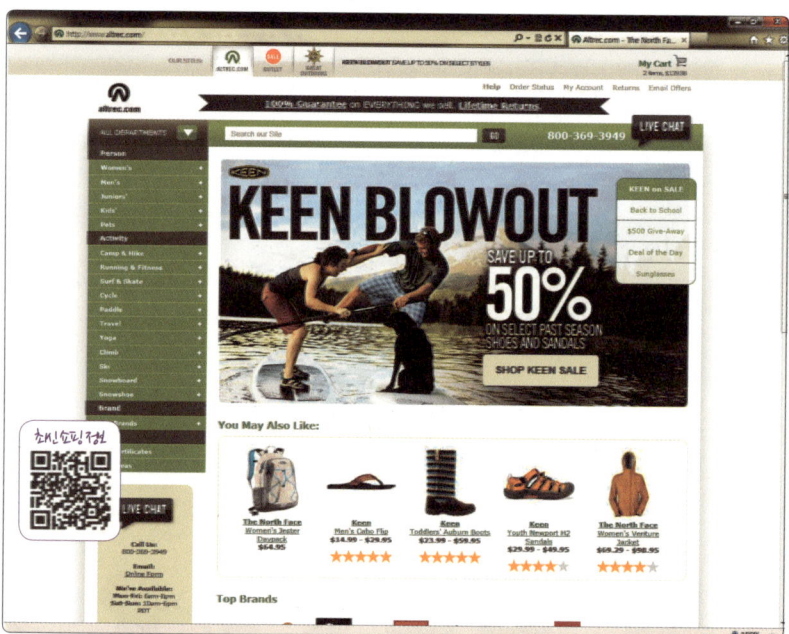

 **퍼니샤퍼'팁**

알트랙에서 판매하는 일부 브랜드는 외국으로 배송하지 않기도 하고, 한국까지 배송료가 $50가 넘기 때문에 배송대행을 권장합니다. $48 이상 구매하면 미국 내 무료배송이 됩니다. 라이브챗으로 커스터머 서비스와 연락도 할 수 있습니다.

30% 싸게

http://www.backcountry.com

55 백컨트리에서 아웃도어 용품 쇼핑하기

미국의 대표적인 아웃도어 쇼핑몰로 저렴한 가격과 빠른 배송, 라이브챗 서비스 등으로 최고 인기쇼핑몰입니다. 디파트먼트오브굿즈(http://www. departmentofgoods.com)는 백컨트리의 아울렛으로 백컨트리 계정 그대로 이용 가능합니다. 도그펑크(http://www.dogfunk.com)는 백컨트리 계열의 스노우보드, 스키 기어 & 의류 전문 쇼핑몰입니다.

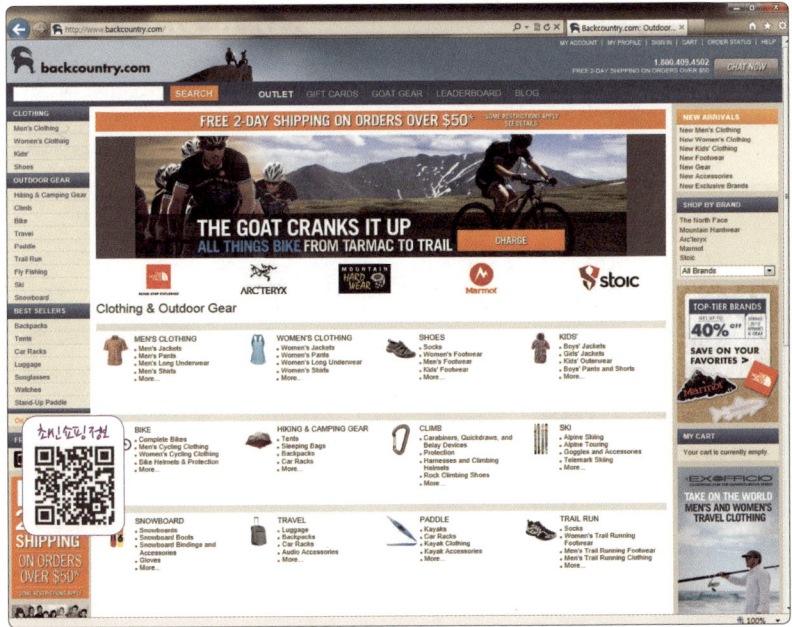

 **퍼니사퍼'팁**

$50 이상 구매하면 미국 내 2일 이내 무료 배송서비스를 제공합니다. 백컨트리는 한국 직배송도 가능하지만 배송 비용 때문에 배송대행을 권장합니다. 배송대행을 이용할 때는 빌링 주소를 한국 주소로 입력해야 합니다.

30% 싸게

http://www.basspro.com

56 배스프로에서 낚시 용품 쇼핑하기

헌팅, 낚시(루어전문), 아웃도어 쇼핑몰인 배스프로입니다. 미국 내 배송 기본요금은 $5.95로 상품 구매액이 $25 추가될 때마다 배송비도 $2씩 증가합니다. 한국으로 직배송료는 기본 $40 또는 총 구매금액의 45% 수준이므로 배송대행을 이용하는 편이 더 저렴합니다.

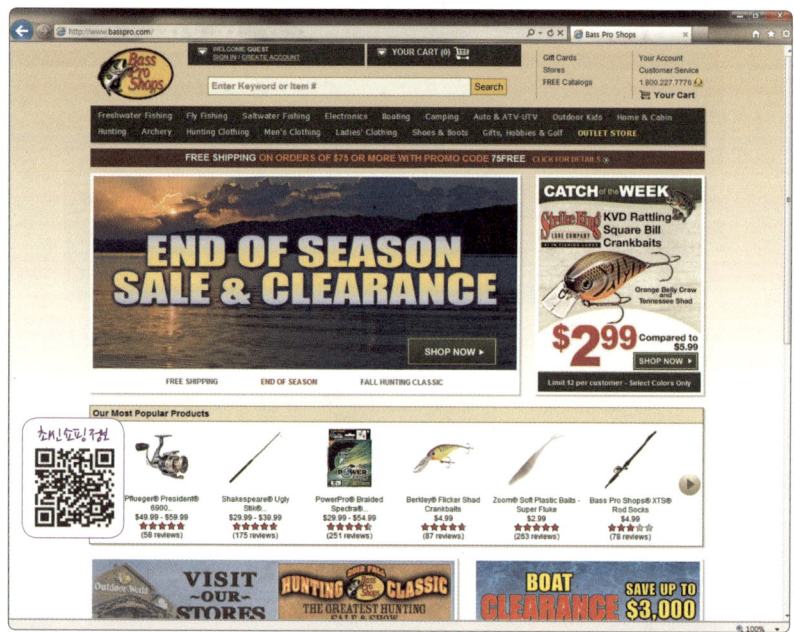

 퍼니샤퍼'팁

배스프로에서 배송대행을 이용하더라도 빌링 주소는 한국 주소로 입력해야 합니다. 낚시도구의 경우 무게가 많이 나갈 수 있기 때문에 가격과 함께 무게를 함께 고려하여 쇼핑해야 합니다. 해외 배송료는 무게에 따라 달라지기 때문입니다.

30%
싸게

http://www.ems.com

57 EMS에서 등산 용품 쇼핑하기

등산, 아웃도어 쇼핑몰로 클리어런스 제품을 구입하면 최고 70%까지 할인된 가격으로 노스페이스 등을 구매할 수 있습니다. 미국 내 배송료는 $6.99부터 시작하여 구매금액에 따라 배송료도 증가합니다. 단, EMS는 샵러너 가맹점이기 때문에 샵러너 멤버는 구매금액과 관계없이 미국 내 무료배송을 받을 수 있습니다.

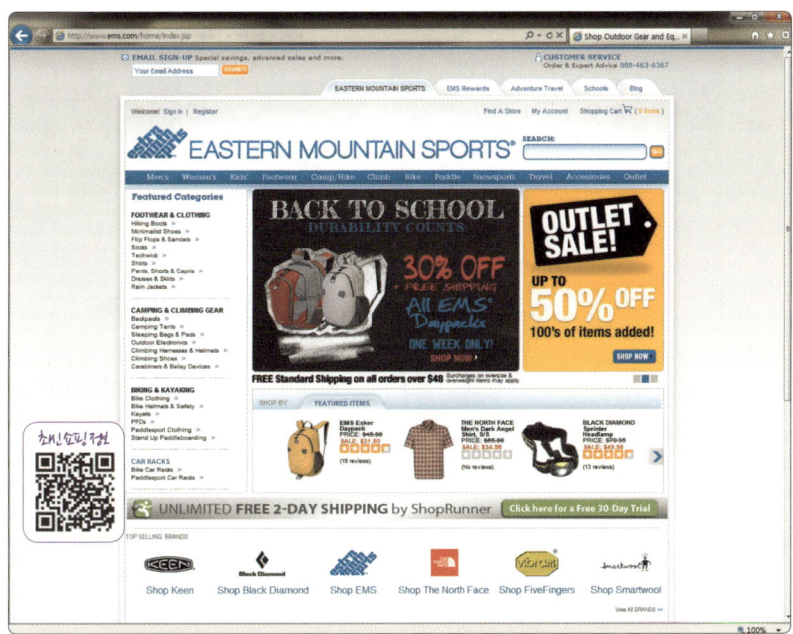

 파니샤퍼'팁

해외겸용 신용카드로 결제가 되지 않으므로 페이팔 미국 계정이나 구글 월렛을 사용하여 배송대행을 이용할 수 있습니다. 페이팔 미국 계정이나 구글 월렛이 없으면 구매대행을 이용해야 합니다.

58 마운틴기어에서 전문가용 아웃도어 용품 쇼핑하기

마운틴기어는 노스페이스, 마못, 패타고니아 등 유명 아웃도어 브랜드 의류와 장비, 텐트 등을 50% 이상 저렴하게 구매할 수 있는 전문 아웃도어 쇼핑몰입니다. 마운틴 기어 자체 브랜드도 보유하고 있습니다.

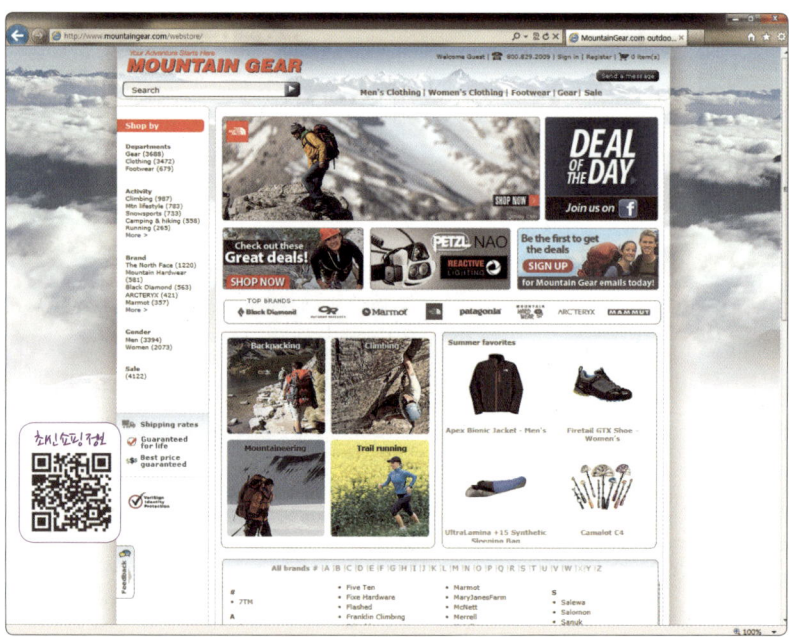

 퍼니사퍼'팁

$59 이상 구매하면 미국 내 무료배송을 해주지만, 한국까지 배송료는 $25부터 시작하여 구매금액별로 $10씩 증가하므로 배송대행이 더 저렴합니다.

아웃도어 | 직배송 | 배송대행 | 신용카드 | 페이팔 | 구글 월렛

http://www.paragonsports.com

59 파라곤 스포츠에서 계절스포츠 용품 쇼핑하기

↘

파라곤 스포츠는 스포츠 팀기어, 캠핑 & 하이킹, 스노우 스포츠, 서핑 등 워터 스포츠, 골프웨어 등 종합 아웃도어 쇼핑몰입니다. 1908년에 뉴욕에서 문을 연 파라곤 스포츠는 그 오프라인 숍 이름이 'Specialty Shop'입니다.

 퍼니샤퍼'팁

$49 이상 구매하면 미국 내 무료배송이 가능하며, 해외겸용 신용카드는 아메리칸 익스프레스 브랜드 카드만 결제가 가능합니다. 배송대행을 이용할 때 배송대행지가 뉴저지 지역인 경우 세금이 부과됩니다.

30%
싸게

http://www.rei.com

60 레이닷컴에서 가족 여행 용품 쇼핑하기

유명 아웃도어 브랜드뿐만 아니라 자체 브랜드도 가지고 있는 아웃도어 쇼핑몰 레이닷컴입니다. $20를 지불하고 레이 멤버십에 가입하면 환불 대상 상품에 한하여 연간 구매액의 10%를 환불받을 수 있습니다. 시즌별로 멤버들만 20% 할인되는 쿠폰도 받을 수 있습니다.

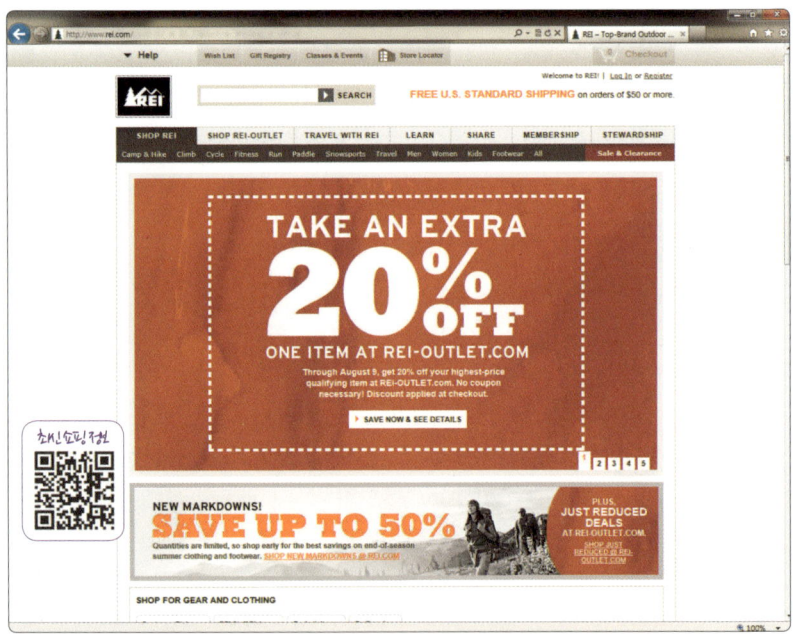

 펀쇼퍼'팁

$50 이상 구매하면 미국 내 무료배송이 되며 한국 직배송료는 $25부터 시작하여 구매금액에 따라 증가 됩니다. 일부 브랜드의 경우 한국배송이 되지 않으므로 배송대행을 이용하는 편이 좋습니다.

70% 싸게

61

http://www.sierratradingpost.com

시에라트레이딩포스트에서 이월상품 쇼핑하기

시에라트레이딩포스트는 아웃도어의 아울렛입니다. 노스페이스, 패타고니아 등 유명브랜드와 시에라 자체 브랜드도 가지고 있습니다. 라이브챗을 통해 커스터머 서비스와 즉시 연결이 가능합니다.

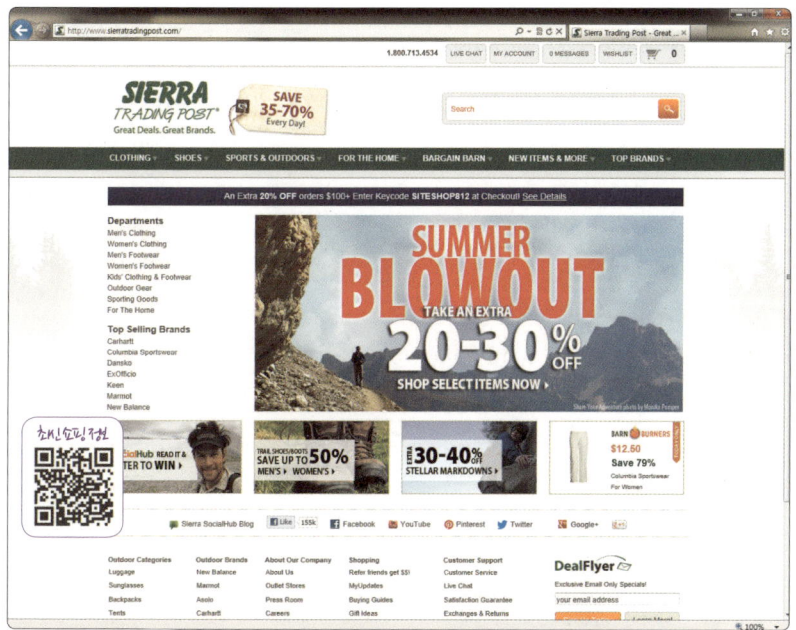

 퍼니사퍼'팁

사이트에 접속 시 물건값이 한화로 표시되어 달러로 환전해야 하는 수고를 덜 수 있습니다. 한국까지 직배송은 가능하지만 배송대행이 더 저렴한 편입니다.

http://www.thenorthface.com

62

더노스페이스에서 국내 없는 점퍼 쇼핑하기

세계적으로 가장 유명한 아웃도어 브랜드 노스페이스 미국 공식 쇼핑몰입니다. 신상과 국내 미수입라인을 거품 없는 가격으로 쇼핑할 수 있는 장점이 있는 반면, 이월상품은 백컨트리나 알트랙같은 아웃도어 전문쇼핑몰을 이용하는 것이 더 저렴할 수도 있으므로 가격비교를 해본 뒤에 구매하는 것이 좋습니다.

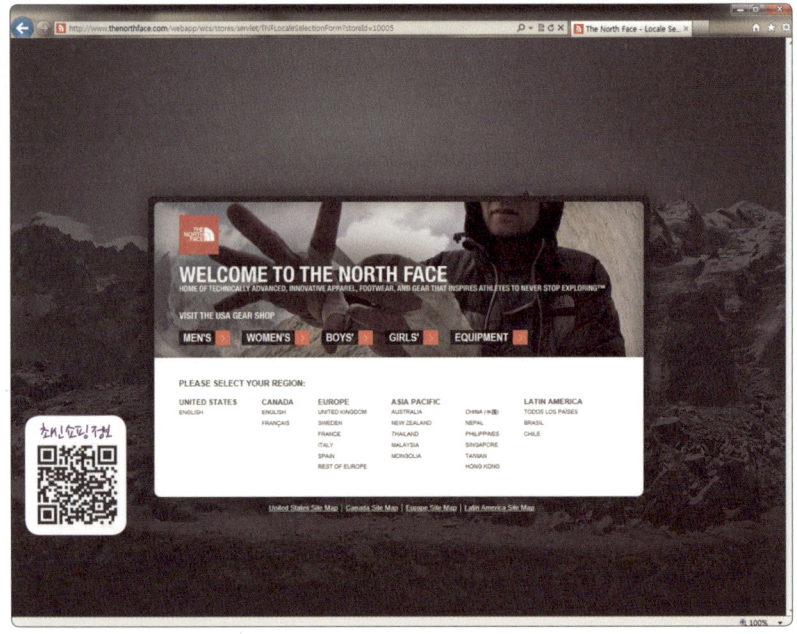

 퍼니샤퍼'팁

$99 이상 구매하면 미국 내 무료배송이 가능합니다. 해외겸용 신용카드는 받지 않으므로 구매대행 해야 하며, 배송대행을 이용하려면 미국 페이팔만 가능합니다.

30% 싸게

63

http://www.benefitcosmetics.com

베네피트에서 화장품 쇼핑하기

미국 베네피트 공식 홈페이지입니다. 이곳에서 베네피트 화장품을 정품으로 백화점보다 저렴하게 구매할 수 있습니다. 여기에 공짜 사은품, 기본 무료 샘플 2개 및 일정 금액 이상 구매 시 한국까지 무료 배송이라면 일석삼조의 이득을 챙길 수 있습니다.

퍼니샤퍼'팁

배송대행으로 주문 시 주문이 취소될 수 있고, $125 이상 구매 시 한국 직배송료가 무료이므로 국내 직배송으로 구매하는 것이 좋습니다. $125 정도 구매 시 배송료를 무료로 표시해주기 때문에 관세 부담은 없습니다.

64 코스탈닷컴에서 무료 안경테 받기

코스탈닷컴은 콘텍트렌즈를 비롯해 안경, 선글라스 등 눈과 관련된 상품을 판매하는 미국 온라인 쇼핑몰입니다. 할인행사가 많아서 시력 교정 제품을 저렴하게 구매할 수 있습니다. 미용을 위한 콘텍트렌즈와 선글라스도 판매 하고 있기 때문에 알아두면 편리한 쇼핑몰입니다.

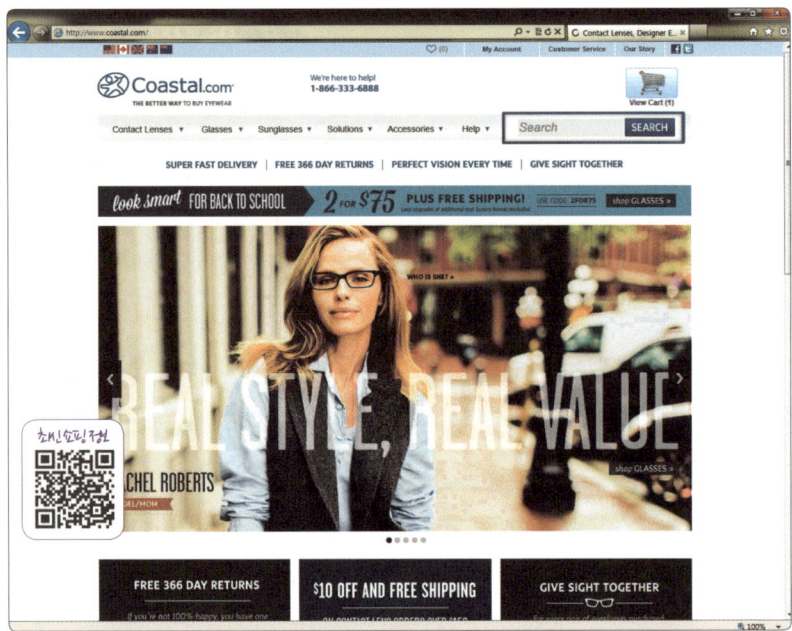

 퍼니쇼퍼'팁

안경이나 콘텍트렌즈는 미국으로 배송대행을 이용할 경우 미국의 병원에서 발급받은 시력이 적혀 있는 진단서가 필요하므로 반드시 한국 직배송으로 구매해야 합니다. 주기적으로 배송비와 핸들링 비용만 내면 안경테를 무료로 주는 행사를 진행합니다.

http://www.drugstore.com

65 드럭스토어에서 영양제 쇼핑하기

드럭스토어는 각종 의약품뿐만 아니라 가정생활용품, 세제, 식료품, 화장품, 비타민, 운동기구, 장난감, 주방용품 등 실생활에 필요한 웬만한 상품들은 대부분 갖추고 있습니다. 그래서 한국 사람들이 많이 이용하는 쇼핑몰 중 하나입니다. 계열사인 뷰티닷컴에서 구매한 상품도 드럭스토어에서 구매한 상품과 함께 배송 받을 수 있습니다.

 퍼니사퍼'팁

드럭스토어는 상품의 상세정보 페이지에 할인받을 수 있는 링크가 있습니다. 해당 링크를 눌러야 추가 할인이 가능하므로 잘 살펴야 합니다. 또 구매액의 5%를 적립해주는 드럭 달러 제도를 운영하고 GNC 골드카드를 사용할 수 있는 쇼핑몰이기도 합니다. 계열사인 뷰티 닷컴은 상시 $50 당 $10 할인되는 할인쿠폰을 발행해주는 것과 구매 시 무료 선물제공이 좋습니다.

50% 싸게

http://www.burtsbees.com

66 버츠비에서 천연 스킨케어 쇼핑하기

식물성 천연 스킨케어 브랜드 버츠비의 공식 쇼핑몰입니다. 국내 판매가보다 50% 이상 저렴한 가격으로 쇼핑이 가능하며, 할인쿠폰 등을 적용한 구매금액이 $49 이상이면 미국 내 무료배송도 가능합니다.

퍼니사마'팁

한국에서 미국의 공식 홈페이지에 접속하려면, 버츠비 글로벌사이트(http://global.burtsbees.com)로 접속하여 사이트 가운데 하단 [Change Country] 버튼을 클릭 후 [United States]를 선택합니다. 한국으로 연결될 때마다 이와 같은 방법으로 미국 공식 홈페이지로 연결하면 됩니다.

50%
싸게

http://www.gnc.com

67 GNC에서 골드카드로 추가 할인받으며 쇼핑하기

전 세계적으로 매장을 운영하는 영양제 및 건강식품, 스킨케어 전문 브랜드 GNC의 공식 쇼핑몰입니다. GNC 골드카드는 한 번 구입하면 1년 간 전 세계 매장과 온라인 숍 [GNC]와 [드럭스토어]에서 사용이 가능하며, 매월 첫 1주 일에서 열흘간 GNC 골드카드 멤버를 위한 골드카드위크로 지정하여 GNC 브랜드 및 관련 브랜드 제품을 20% 추가 할인을 받을 수 있습니다.

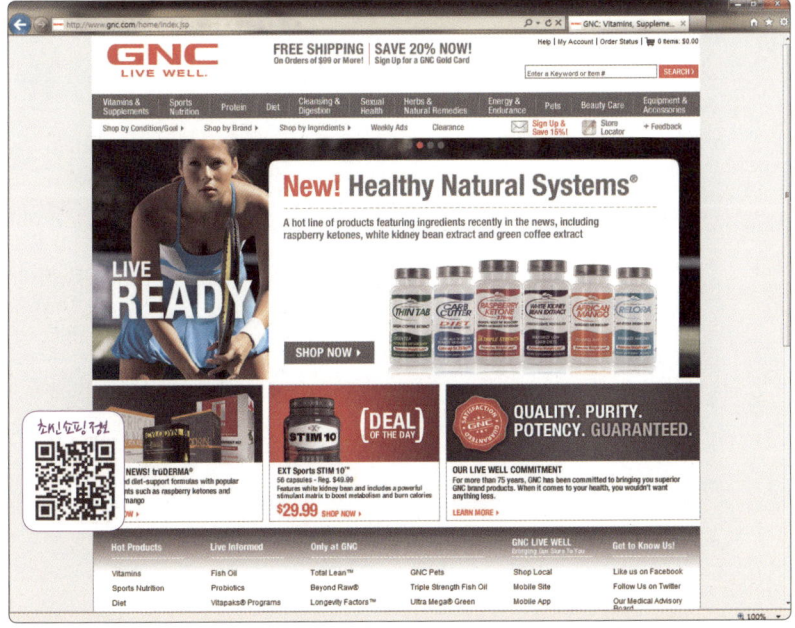

 퍼니사퍼'팁

$99 이상 구매하면 미국 내 무료배송이나 무조건 무료배송행사를 자주 진행하기 때문에 대부분 무료배송을 이용할 수 있습니다. 샵러너 가맹점으로 샵러너 멤버는 구매금액과 관계없이 무료배송이 가능합니다. 해외겸용 신용카드로 결제 시, 안심클릭 등의 신용카드 결제수단을 사용하므로 인터넷 익스플로러 브라우저에서 결제해야 합니다.

http://www.loccitane.com

록시땅에서 씨어버터 핸드크림 쇼핑하기

전 세계적으로 3초에 1개씩 팔린다는 씨어버터 핸드크림으로 유명한 스킨 케어 브랜드 록시땅의 공식 쇼핑몰입니다. 항상 구매금액별로 $30 상당의 공짜 사은품을 제공하며, 기본 $80 이상 구매하면 무료배송이지만 종종 낮은 금액의 무료배송행사를 하기도 합니다.

 퍼니쇼퍼'팁

한 주문에 쿠폰은 1개만 사용 가능하므로 무료 사은품을 주는 쿠폰과 상품 가격할인 쿠폰을 동시에 사용할 수 없습니다. 할인 후 가격이 무료배송 조건을 충족해야 무료배송이 가능합니다.

50% 싸게

69

http://www.sephora.com

세포라에서 명품 화장품 쇼핑하기

미국의 명품 화장품에서 중저가 브랜드까지 취급하는 화장품 백화점 세포라의 온라인 숍입니다. only sephora 상품이 있을 정도로 화장품 브랜드에서 세포라만을 위한 세트를 만들어 판매하기도 할 만큼 고객이 많습니다.

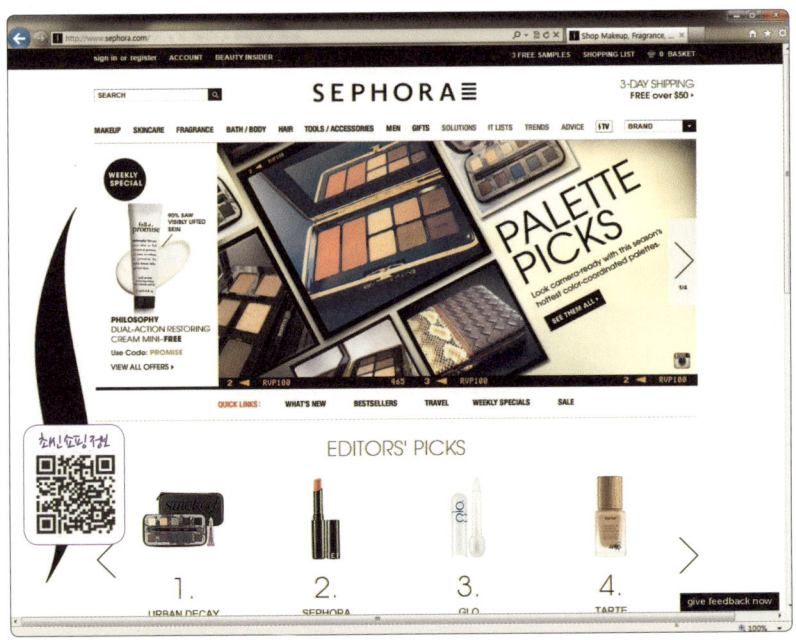

 퍼니사퍼'팁

$50 이상 구매하면 미국 3일 내 무료배송이 가능합니다. 해외겸용 신용카드를 받지 않으므로, 이베이나 기프트카드 숍에서 세포라 기프트카드를 구입하여 기프트카드로 주문하거나 구매대행을 이용하는 것이 안전합니다. 아마존에 입점해 있는 세포라 숍에서 해외겸용 신용카드로 주문이 성공하는 경우도 있으나, 배송지를 배송대행지 주소로 입력하면 대부분 취소됩니다.

30% 싸게

http://us.strawberrynet.com

70 스트로베리넷에서 다양한 브랜드의 화장품 쇼핑하기

딸기넷이라는 애칭을 가지고 있는 홍콩 기반의 온라인 화장품 쇼핑몰 스트로베리넷입니다. 여러 브랜드의 제품을 할인된 가격으로 구매가 가능하며, 여기에 여러 상품을 구매하면 최고 5%까지 추가할인을 받을 수 있습니다. 회원가입 후 누적 주문수에 따라 최고 10% 추가할인도 합니다.

 머니세이버 **팁**

신규회원은 항상 무료로 정품 사은품을 제공하며, 매달 특가제품과 no box 제품 파격할인을 합니다. 간혹 구매금액별 사은품도 제공합니다. 한국어 페이지를 제공하고, 한국을 포함한 전 세계 어디든 배송이 되며 배송료는 무료입니다.

30% 싸게

http://www.visiondirect.com

71

비전다이렉트에서 다양한 브랜드 콘텍트렌즈 쇼핑하기

비전다이렉트는 드럭스토어 계열의 콘텍트렌즈 쇼핑몰입니다. 디럭스토어 적립금인 드럭 달러의 적립과 사용이 가능합니다. 한국까지 직배송료는 $19.99입니다.

퍼니사퍼'팁

안경이나 콘텍트렌즈는 미국으로 배송대행을 이용할 경우 미국의 병원에서 발급받은 시력이 적혀 있는 진단서가 필요하므로 반드시 한국 직배송으로 구매합니다.

건강 | 직배송 | 배송대행 | 신용카드 | 페이팔 | 구글 월렛

50% 싸게

72

http://www.vitaminshoppe.com

바이타민숍에서 비타민 쇼핑하기

바이타민숍은 드럭스토어, 비타코스와 더불어 가장 많이 구매하는 비타민 쇼핑몰입니다. 비타민 숍 자체 브랜드뿐만 아니라, 애니멀 퍼레이드로 유명한 네이처스 플러스, 트윈랩 등과 야미 얼스 등의 식료품, 닥터 브로너스 등의 스킨케어까지 종합적으로 판매하는 곳입니다.

 퍼니샤퍼'팁

$25 이상 구매하면 미국 내 무료배송이 되며 배송대행을 이용할 경우에는 빌링, 쉬핑 주소를 배송대행지 주소로 입력해야 합니다. 한국 직배송을 받을 경우에는 빌링, 쉬핑 주소를 한국 주소로 입력합니다.

50%
싸게

73

http://www.disneystore.com

디즈니에서 장난감 쇼핑하기

월트 디즈니의 공식 쇼핑몰로 디즈니 캐릭터로 디자인된 장난감, 전자제품, 주방용품, 액세서리, 코스튬을 비롯한 온가족 의류 등을 최대 50% 이상 할인된 가격으로 구매할 수 있습니다. 옷의 질이 좋은 편은 아니지만 프린트가 좋고 가격이 저렴하기 때문에 편하게 입기에 좋습니다.

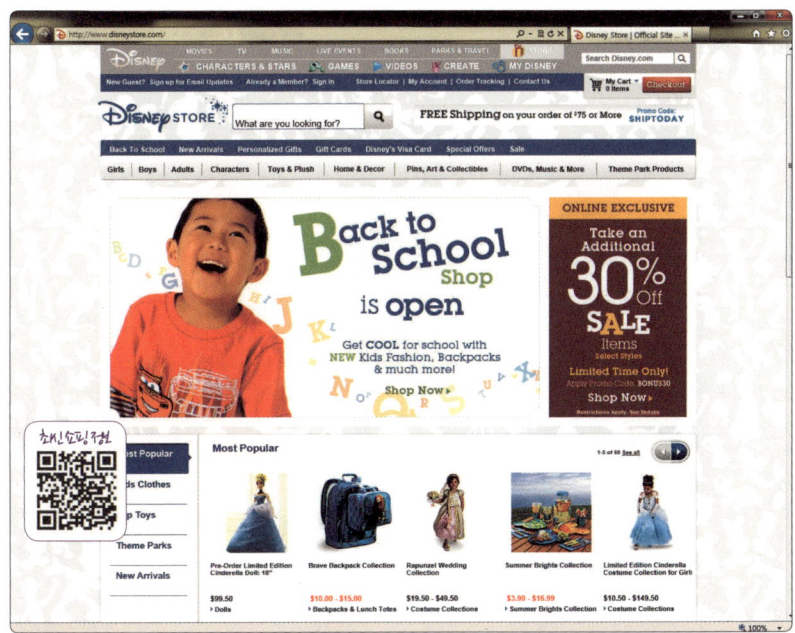

퍼니쇼퍼'팁

개인적으로 디즈니에서 받거나 공개된 할인쿠폰은 무료배송쿠폰과 중복되지만 다른 금액 할인과는 중복되지 않는 경우가 많으니 할인쿠폰을 이용할 때는 확인을 하는 게 좋습니다. 그리고 빌링 주소는 반드시 한국 주소를 입력해야 합니다. 한국 직배송을 해주지만 부피가 큰 트렁크나 장난감류를 제외하고 배송대행을 이용하는 편이 더 저렴합니다.

도서 | 잡화　　직배송 | 배송대행　　신용카드 | 페이팔 | 구글 윌렛

http://www.barnesandnoble.com

반스앤노블에서 동화책 쇼핑하기

미국의 최대 오프라인 서점인 반스 앤 노블의 온라인 쇼핑몰입니다. 서적, 장난감, 전자 제품 등의 구매가 가능합니다. $25 이상 구매하면 미국 내 무료배송이 가능합니다.

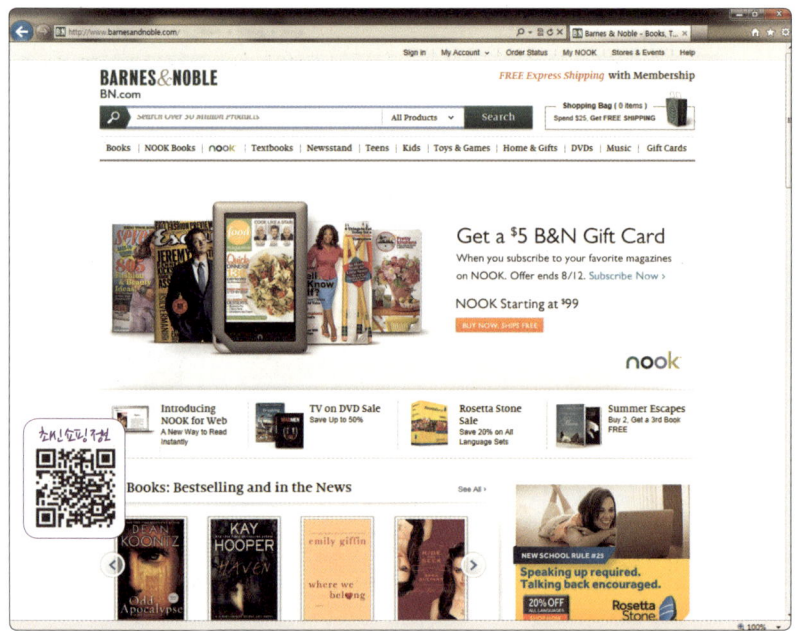

 퍼니샤퍼'팁

빌링 주소는 한국 주소를 입력해야 합니다. 한국 직배송도 가능하지만 EXPRESS SHIPPING의 경우 배송대행이 더 저렴합니다. 반스앤노블 멤버십은 무조건 무료배송을 제공하며 $50 상당의 보너스 쿠폰과 멤버 특별할인이 가능합니다. 멤버십은 첫 2달은 무료이고 2개월 후 취소하지 않으면 연회비 $25가 청구됩니다.

http://www.diapers.com

다이퍼스에서 육아 용품 쇼핑하기

아마존이 인수한 다이퍼스는 기저귀, 분유, 스킨케어, 의류 등 육아와 관련된 대부분의 상품을 저렴하게 구입하여 빠른 배송으로 받아볼 수 있는 쇼핑몰입니다. $49 이상 구매하면 미국 내 2일 무료배송을 제공하여 주문 과정에서 문제만 없으면 주문 후 1주일 이내에 한국에서 받아볼 수 있습니다.

퍼니사퍼'팁

다이퍼스의 계열사인 숍닷컴(http://www.shop.com)은 미용, 건강, 베이비 쇼핑몰로 다이퍼스와 장바구니를 같이 사용합니다. 두 사이트에서 함께 $39 이상 구매하면 미국 2일 내 무료배송이 됩니다. 다이퍼스 계열의 신규 회원은 할인을 받을 수 있는데, 할인 조건은 신규 계정에 한 번도 배달된 적이 없는 주소지여야 합니다.

30% 싸게

http://www.leapfrog.com

76 립프로그에서 교육용 게임 쇼핑하기

교육용 게임, 장난감 브랜드인 립프로그의 공식쇼핑몰입니다. 특히 러닝제품들은 국내뿐만 아니라 세계적으로 카피 제품이 많이 나올 정도로 인기 있는 상품입니다. $60 이상 구매하면 미국 내 무료배송이 가능합니다.

 퍼니쇼퍼'팁

리더기인 립스터나 립패드 및 태그 리더기를 선택하고 콘텐츠인 북&게임을 결합하여 번들(bundle)로 구성하는 것이 단품을 구매하는 것보다 15~20% 가량 더 저렴합니다. 번들에 할인쿠폰까지 적용하면 최적의 할인을 받을 수 있습니다.

30% 싸게

77 레고숍에서 교육용 완구 레고 쇼핑하기

재테크 중에 레고테크가 유행할 정도로 전 세계적으로 인기 있는 교육용 완구 레고 공식 쇼핑몰입니다. 만 4세 미만은 DUPLO 시리즈를 구매하면 됩니다. 미국 내 배송료는 $4.95에서 시작하여 $25 단위로 배송비가 증가합니다.

퍼니사퍼'팁

한국에서 접속하면 한국 사이트가 나오므로 이때는 홈페이지 상단에 있는 [Change Region] 버튼을 클릭해 국가를 미국으로 변경하면 미국 공식 쇼핑몰에서 구매할 수 있습니다. 간혹 $5 할인쿠폰이 발행되기도 하고, 구매 시 사은품은 항상 있는 편입니다.

30% 싸게

http://www.shop.mattel.com

78 숍 마텔에서 캐릭터 인형 쇼핑하기

바비인형, 스파이더맨, 디즈니 캐릭터 등으로 유명한 마텔의 공식 쇼핑몰입니다. 애니메이션 주인공들 캐릭터로 디자인된 장난감, 가전제품, 놀이기구, 파티용품 등의 구매가 가능합니다.

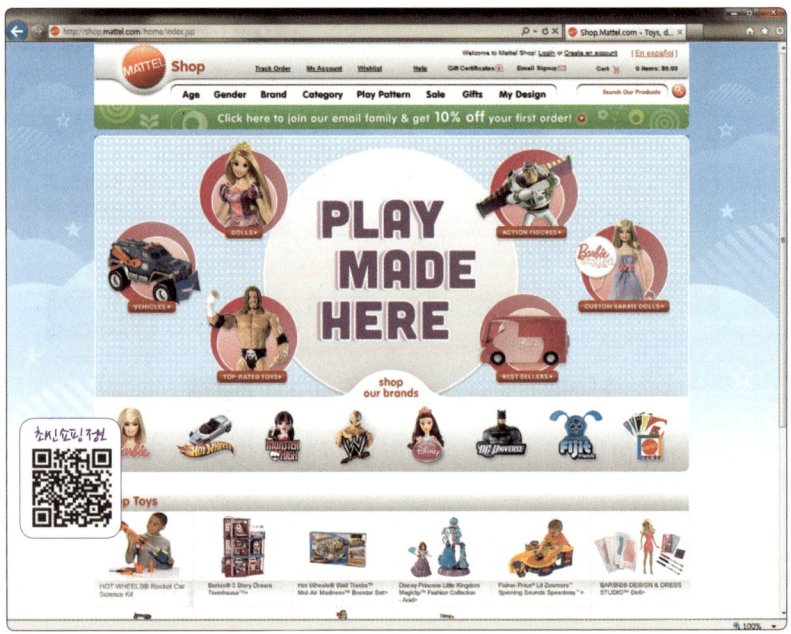

퍼니샤퍼'팁

상품의 무게와 배송 지역에 따라 배송비가 계산되기 때문에 쉬핑 주소를 한국과 미국 2가지를 가지고 비용계산을 해본 뒤에 구매하는 게 좋습니다. 미국으로 배송을 받더라도 빌링 주소는 한국 주소로 입력해야 합니다.

30%
싸게

79

http://shop.nationalgeographic.com
내셔널지오그래픽에서 종합교양 서적 쇼핑하기

지리 학술지로 출발하여 현재는 자연, 인류, 문화, 역사, 고고학, 생태, 환경, 우주에 이르는 다양한 분야를 심도있게 다루는 종합교양지인 내셔널지오그 래픽 공식 쇼핑몰입니다. 책뿐만 아니라 내셔널지오그래픽 채널의 영상물 DVD, 의류 및 지도 등 생활 전 범위 물건을 다루고 있습니다.

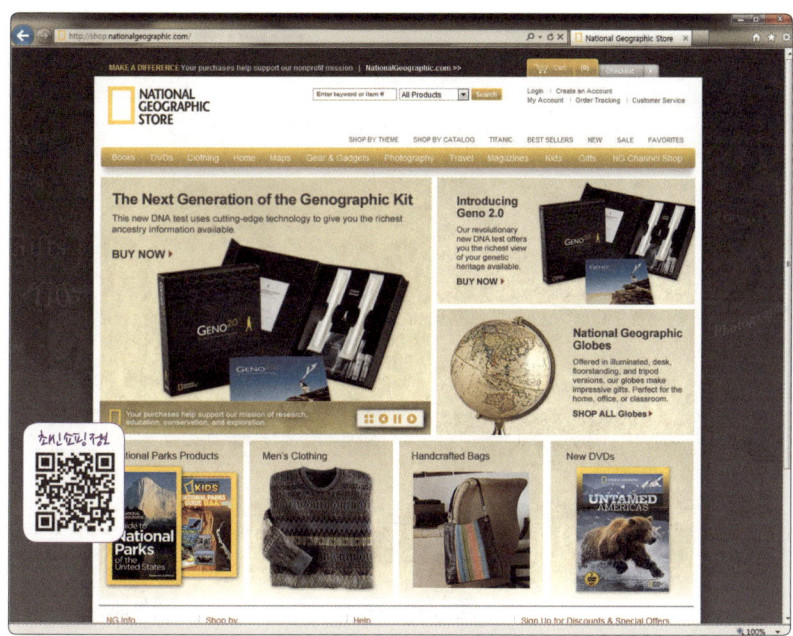

🎁 퍼니샤퍼'팁

내셔널지오그래픽의 카메라백 및 러기쥐 등은 디자인과 실용성이 좋아 인기 있는 상품인데 공식 쇼핑몰 과 아마존 등 종합 쇼핑몰의 가격을 비교해보고 구매하는 것이 좋습니다. 미국 내 배송료는 $4.95에서 시작하여 구매금액에 따라 증가하며, 한국까지 직배송료는 일딸 $40입니다.

장난감   직배송 | 배송대행   신용카드 | 페이팔 | 구글 월렛

워너브라더스숍에서 DVD 쇼핑하기

슈퍼맨, 베트맨 해리포터, 반지의 제왕 등을 제작한 엔터테인먼트사 워너브라더스의 공식 쇼핑몰입니다. 워너브라더스가 제작한 콘텐츠의 DVD, OST, 수집가들을 위한 상품, 의류, 장난감, 홈 제품 등을 구입할 수 있으며 시즌별 행사로 최고 50%까지 할인된 가격으로 구매가 가능합니다.

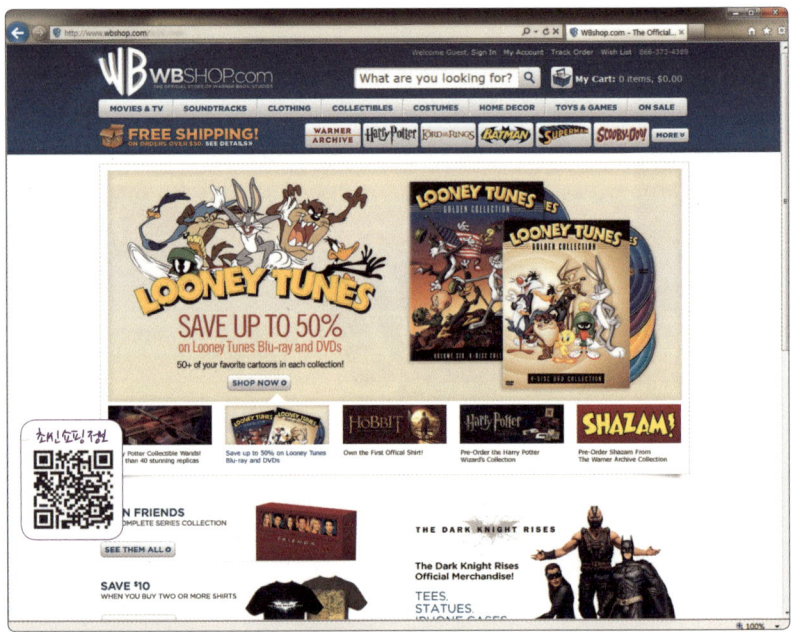

퍼니사퍼'팁

$50 이상 구매하면 미국 내 무료배송이 가능합니다. 몇 년 전까지는 한국 직배송도 됐는데 현재는 미국과 캐나다 등 일부 국가만 배송이 가능합니다.

50% 싸게

81

http://shop.villeroy-boch.com/us

빌레로이보흐에서 독일 그릇 쇼핑하기

샵빌레로이보흐는 독일 브랜드 빌레로이앤보흐의 미국 공식 쇼핑몰입니다. 유명하고 전통이 깃든 그릇이라 국내 백화점에서도 인기 있는 브랜드입니다. 매월 초 [Special Offers]에 한달 동안 특가로 판매하는 라인이 공개되며 정상가의 50%까지 할인합니다.

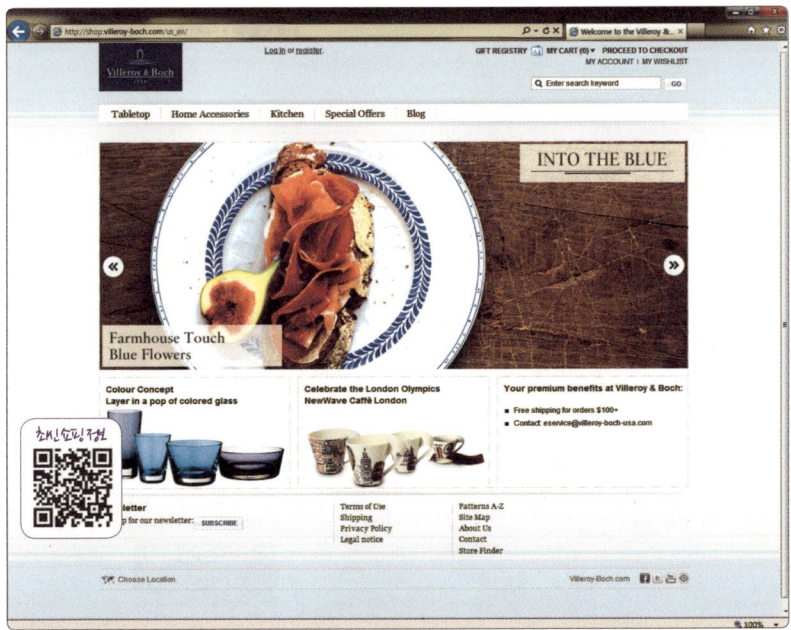

 **퍼니사퍼'팁**

빌레로이보흐의 모든 물건은 뉴저지 창고에서 배송되기 때문에 뉴저지쪽에 위치한 배송대행사가 빨리 도착합니다. 한 번 주문을 하면 재고가 있는 상품을 먼저 보내주고, 재고가 부족한 것은 나중에 보내줘서 패키지가 여러 개로 나뉘기도 합니다.

30% 싸게

http://www.cooking.com

쿠킹닷컴에서 주방 용품 쇼핑하기

1998년에 문을 연 주방용품 및 식료품 쇼핑몰인 쿠킹닷컴입니다. 단순한 주방용품뿐만 아니라 요리 레시피도 제공합니다. 재고정리[clearance] 코너에서는 정상가격의 70% 이상 할인된 금액으로 헹켈 칼 세트도 구매할 수 있습니다.

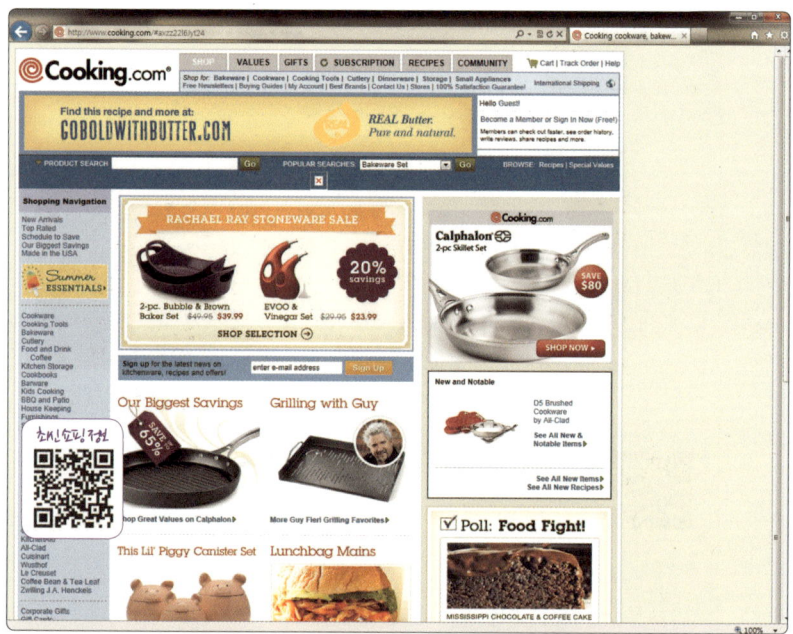

 **머니세이버'팁**

미국 내 배송료는 $4.99부터 시작하여 무게별로 $0.5씩 증가합니다. 빌링 주소는 한국으로 하고 state에서 Other(Non U.S.)를 고릅니다.

30%
싸게

83

http://www.lenox.com

레녹스에서 버터플라이 메도우 쇼핑하기

↘

버터플라이 시리즈로 큰 인기를 끌고 있는 미국 그릇 브랜드 레녹스의 공식 쇼핑몰입니다. 드라마에도 많이 등장하는 레녹스의 한식 구성은 4.75인치 디저트 보울(Dessert Bowls)은 밥그릇으로, 6.25인치 다용도 보울(All Purpose Bowl)은 국그릇으로 많이 사용합니다.

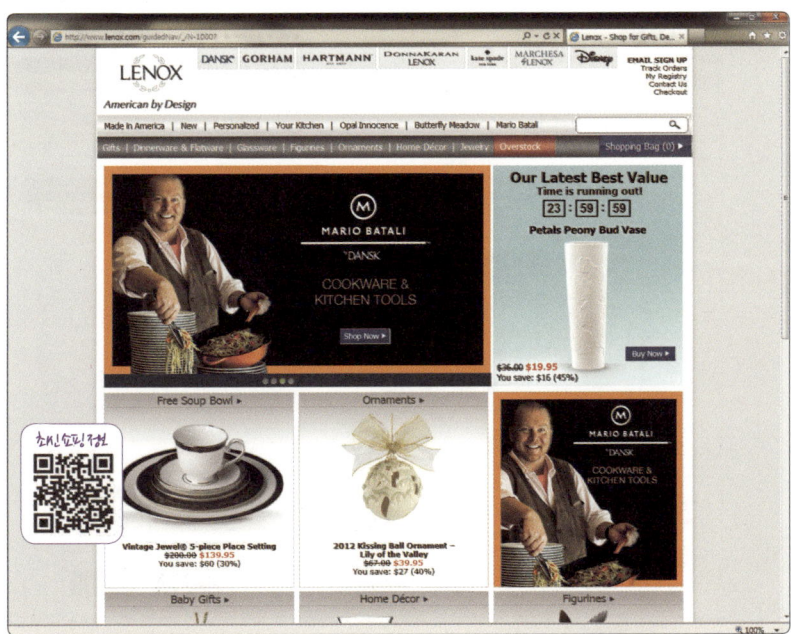

🎁 퍼니샤퍼'팁

미국 내 배송료는 $5.95에 시작하여 구매금액별로 증가합니다. 해외겸용 신용카드를 사용할 수 없으므로 구매대행을 이용해야 합니다. 메이시 백화점(http://www.macys.com)과 아마존(http://www.amazon.om), 마이테이블 웨어(http://www.mytableware.com) 등에서 가격을 비교해 본 뒤 구매하는 것이 좋습니다.

50% 싸게

http://www.mytableware.com

84 마이테이블웨어에서 명품 디너 웨어 쇼핑하기

포트메리온, 레녹스, 이딸라, 빌레로이보흐, 웨지우드 등 명품 디너 웨어부터 쫠즈그라프 등 캐주얼 브랜드까지 다양한 식기류를 구매할 수 있는 전문 쇼핑몰입니다. 아마존에도 입점해 있어 아마존을 통해서도 구매할 수 있지만, 마이테이블웨어에서 구매하는 것이 쿠폰과 대량구매 할인을 받을 수 있어서 좋습니다.

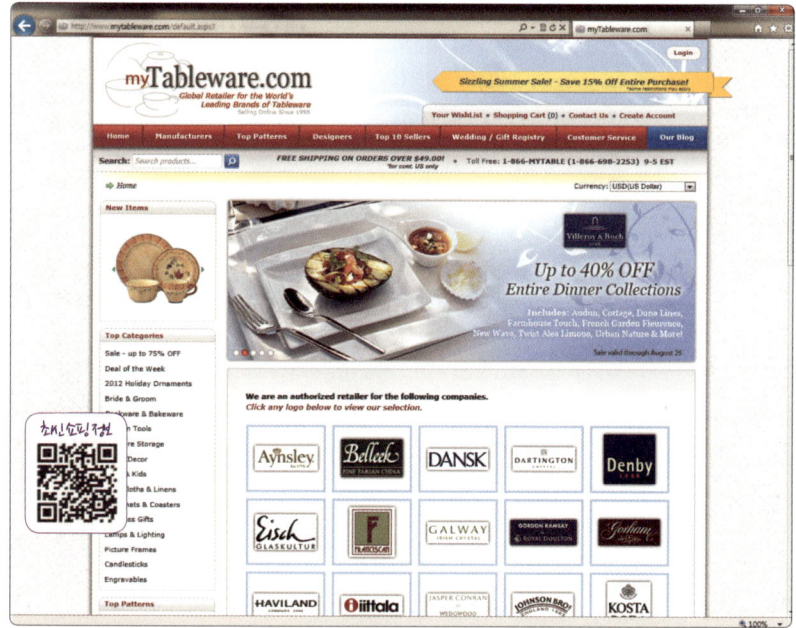

 **퍼니사퍼' 팁**

$49 이상 구매하면 미국 내 무료배송이 됩니다. 한국 직배송도 하지만 배송료가 $49.50부터 시작하여 구매금액별로 최고 $250까지 받으므로 배송대행이 더 저렴합니다.

30% 싸게

http://www.petco.com

85 펫코에서 애완동물 용품 쇼핑하기

개나 고양이, 패릿, 새, 물고기 등 애완동물의 먹이, 벼룩케어, 액세서리, 옷까지 모든 애완동물 용품을 구매할 수 있는 펫코입니다. $49 이상 구매하면 미국 내 무료배송이 됩니다.

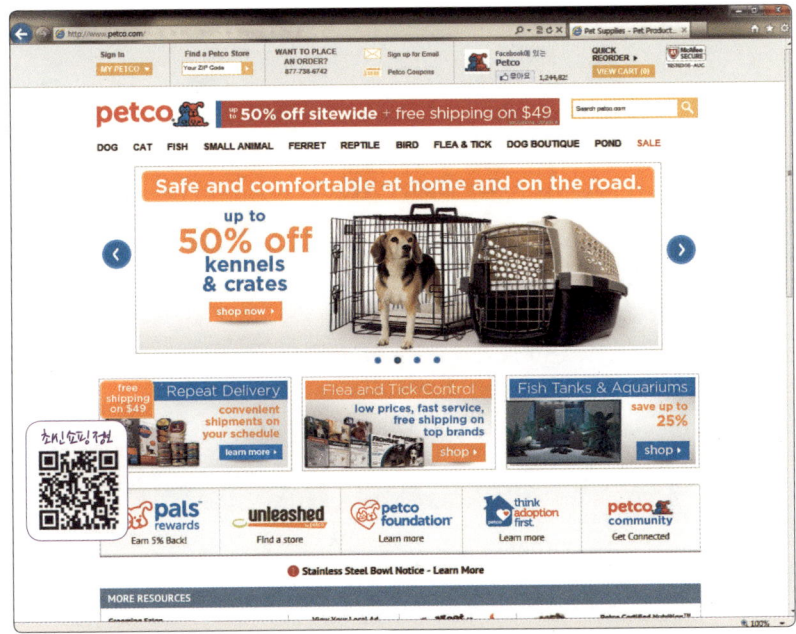

 퍼니샤퍼'팁

애완동물의 입으로 들어가는 것 중 동물성 성분이 들어있는 것은 검역 시 검역비가 발생하며 통관이 불가능할 수 있으므로 관세청에 수입금지 물품인지 아닌지 반드시 확인해보고 구매해야 합니다.

http://www.starbucksstore.com

스타벅스스토어에서 원두커피 쇼핑하기

스타벅스 커피 공식 온라인 쇼핑몰입니다. 스타벅스에서 판매되는 원두와 스타벅스 비아(starbucks VIA) 인스턴트 커피, 차, 시럽 등의 식료품과 커피 머신, 머그컵 등 커피와 관련된 용품 등을 구매할 수 있습니다.

퍼니사퍼'팁

$75 이상 구매하면 미국 내 무료배송이 됩니다. 해외겸용 신용카드로 결제할 수 없으므로 페이팔 미국 계정으로 결제하고 배송대행을 이용하거나 구매대행을 이용해야 합니다. 아마존에 입점 된 스타벅스 공식 셀러 제품은 아마존 계정으로 결제할 수 있습니다. 하지만 아마존에서 구매할 때 스타벅스 공식 쇼핑몰과 가격과 제품이 다를 수 있는 위험이 있습니다.

http://www.wwbw.com

87 우드윈드 브라스윈드에서 악기 쇼핑하기

악기 쇼핑몰 우드윈드 브라스윈드입니다. 금관, 목관 악기뿐만 아니라 현악기, 타악기, 키보드 등도 구매할 수 있습니다. 세일코너에서는 50% 이상 할인된 가격으로 구매가 가능합니다.

퍼니사퍼'팁

한국까지 직배송 비용은 $20 정도이며, $300 이상 구매하면 한국까지 무료배송을 해줍니다. 악기는 관세가 8%, 부가세가 10%입니다. 고가이거나 무게가 무거울수록 관부가세를 잘 고려해서 구입해야 합니다.

50% 싸게

http://www.yankeecandle.com

88 양키캔들에서 향초 쇼핑하기

쾌쾌한 집안 냄새를 없애주는 향초 브랜드 양키캔들의 온라인 쇼핑몰입니다. 향초뿐만 아니라 캠핑에 가서 모기를 쫓을 수 있는 제품도 있습니다. 자체 가격할인과 1+1 행사를 자주 진행하기 때문에 국내에서 구매하는 것보다 50% 이상 저렴하게 구매할 수 있습니다.

 퍼니사퍼'팁

향초의 경우 유리제품이 많은데, 국제배송 시 깨질 수 있고, 가격이 저렴하더라도 무게가 많이 나가기 때문에 배송대행 시 파손과 무관세 범위를 맞추도록 주의하여야 합니다. $100 이상 구매하면 미국 내 무료배송이 되며, 이때 빌링 주소는 한국 주소를 입력해야 합니다.

30% 싸게

89

http://www.autopartswarehouse.com

오토파츠웨어하우스에서 수입차 부품 쇼핑하기

수입자동차의 부품을 자동차 정비소에서 교체하려면, 부품을 주문하고 받는 시간에 정비소에서 교체하는 시간까지 적어도 한두 달 정도의 시간이 소요됩니다. 더구나 부품은 중간 유통과정을 거치기 때문에 구매 가격도 비싸집니다. 따라서 필요한 자동차 부품만 미리 구매한 뒤 정비소에서 부품 교체만 하면 시간과 돈 모두 절약할 수 있습니다.

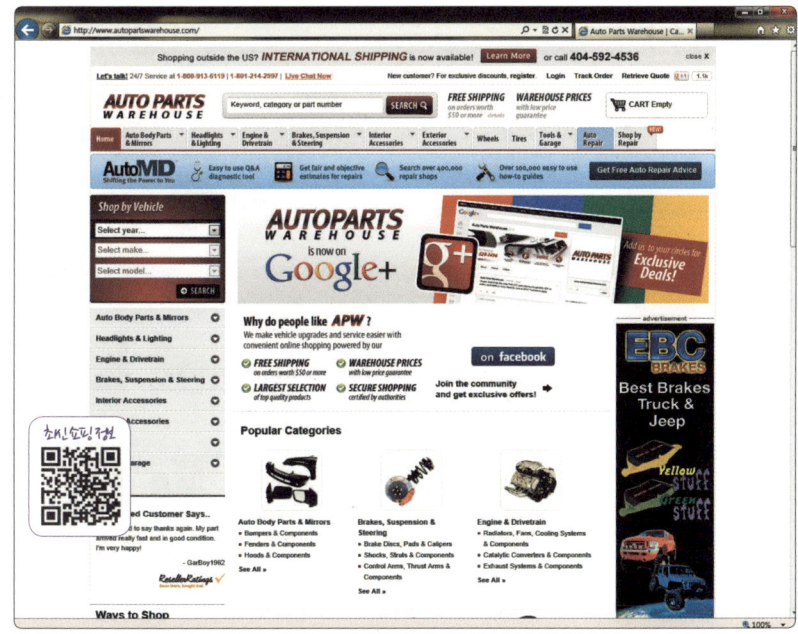

 퍼니사퍼'팁

한국 직배송을 이용할 때 배송비가 $40 이상이고 신용카드로만 결제가능합니다. 해외겸용 신용카드나 페이팔 미국계정, 구글월렛을 이용하여 배송대행을 이용하는 것이 저렴합니다. 미국 내 배송료는 $50 이상 구매했을 때 무료입니다.

30% 싸게

http://www.adorama.com

90 아도라마닷컴에서 카메라 쇼핑하기

아도라마닷컴은 카메라, 렌즈, 전자 가전 쇼핑몰로 특가 제품이 자주 나오고 배송도 빠르고 서비스도 좋은 곳입니다. 미국 내 배송료는 super saver 옵션을 선택하면 무료입니다.

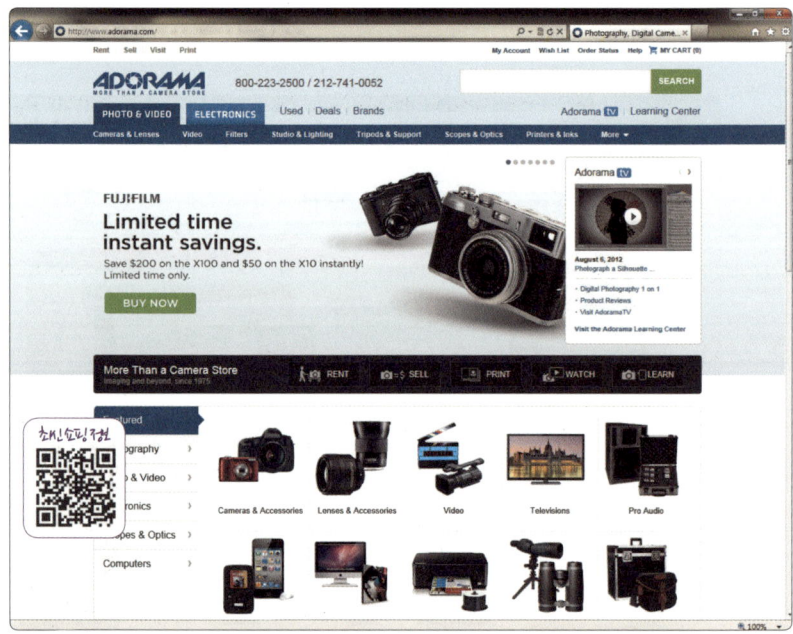

 퍼니사퍼'팁

카메라 등의 가전제품을 구입할 때 브랜드에 따라 한국 총판에서 판매한 것이 아닌 해외의 내수 제품은 A/S가 되지 않는 경우가 있으니 제품 선택 시 주의가 필요합니다.

30% 싸게

91

http://www.shopping.hp.com

쇼핑HP에서 국내에 없는 컴퓨터 쇼핑하기

↘

컴퓨터, 노트북, 사무용 가전 브랜드인 휴렛패커드(HP) 공식 쇼핑몰입니다. 국내 미 출시 모델을 빨리 구매해서 사용해볼 수 있는 장점이 있습니다. 미국 내 배송료는 $5.25부터 시작해 구매금액과 상품별 차등 적용됩니다.

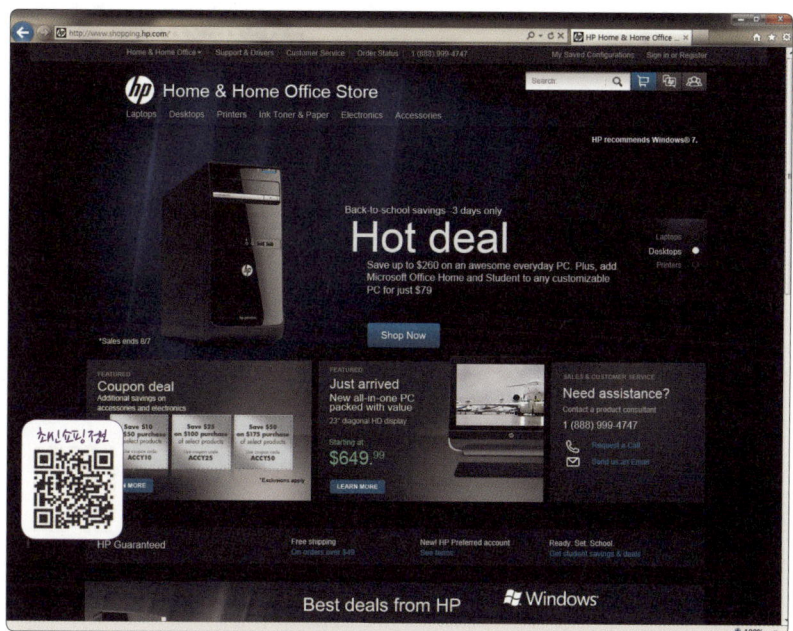

 **퍼니샤퍼'팁**

해외겸용 신용카드로 잘 결제해주지 않기 때문에 구매대행을 하거나 미국 페이팔로 결제하여 배송대행을 이용할 수 있습니다.

30% 싸게

http://www.jr.com

92

J&R에서 키플링 백 쇼핑하기

레코드가게로 시작해서 종합 전자 가전 쇼핑몰로 성장한 J&R의 온라인 쇼핑몰입니다. 아마존에도 셀러로 입점해 있으며, 간혹 키플링 백을 저렴하게 팔아서 인기가 좋습니다. $49 이상 구매하면 미국 내 무료배송을 지원합니다.

 퍼니샤퍼'팁

해외겸용 신용카드를 이용하려면 빌링 주소에 한국 주소를 입력해야 합니다. [other information]–[international billing] 란에 전화번호와 국가, 시티까지 50글자 이내로 적어야 합니다. 따라서 신용카드 이외의 결제수단으로 결제하는 게 편리합니다.

30% 싸게

http://www.lenovo.com/us

93 레노버에서 최신형 노트북 쇼핑하기

노트북 및 컴퓨터 브랜드 레노버의 공식 쇼핑몰입니다. 노트북은 관세 없이 부가세만 10% 납부하면 되므로 최신 모델을 국내 판매가보다 훨씬 저렴하게 구매할 수 있다. 맞춤제작을 의뢰하면 기간은 보통 2주에서 3주 정도 소요됩니다.

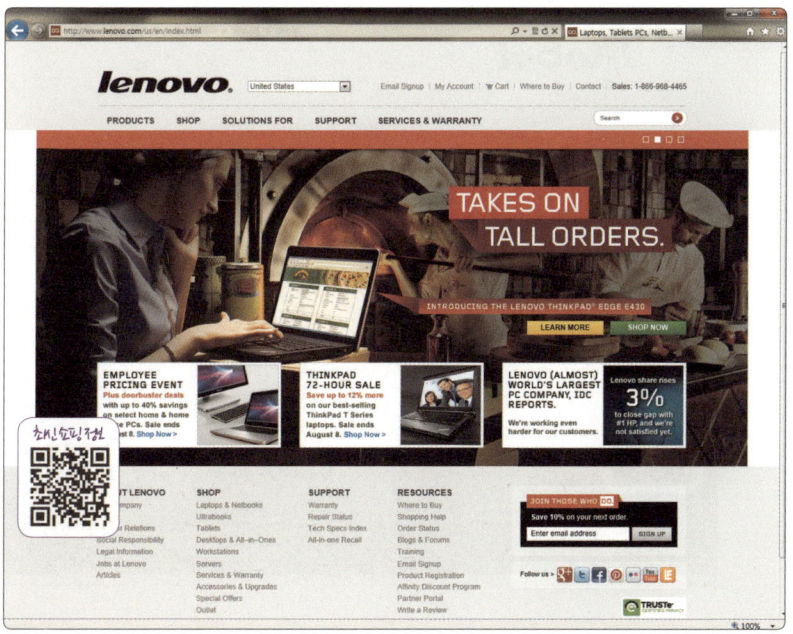

 **파워샤퍼'팁**

아메리칸 익스프레스 카드, 페이팔 미국 계정이나 아마존 계정으로 결제하면 배송대행을 이용할 수 있습니다. 단, 아마존 계정으로 결제하면 가격조정이 되지 않습니다. 일부 상품은 미국 내 무료배송이 되지만 맞춤제작 제품은 무료배송이 적용되지 않습니다.

http://www.irobot.com

94 아이로봇에서 로봇청소기 쇼핑하기

↘

미국의 군사용 로봇업체인 아이로봇이 만든 로봇청소기 룸바의 공식 쇼핑 몰입니다. 청소기 및 액세서리, 소모품의 구매가 가능하며, 특가행사를 자주 진행합니다. 배송료는 무게에 따라 결제 시 계산됩니다.

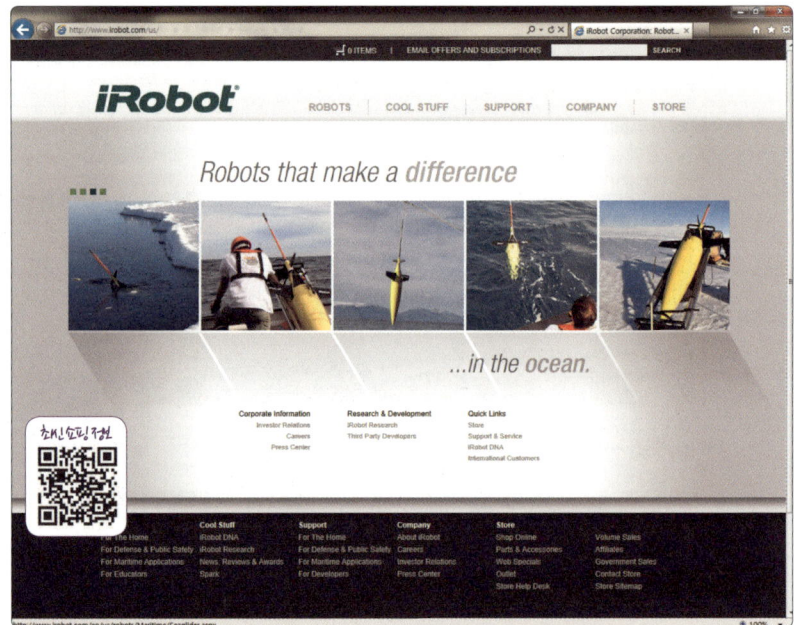

 퍼니샤퍼'팁

해외겸용 신용카드로 결제할 수 없으므로 구매대행을 이용하거나 미국 페이팔로 결제하고 배송대행을 이용할 수 있습니다.

30% 싸게

http://www.philips-store.com

95 필립스 스토어에서 생활가전용품 쇼핑하기

소닉케어 전동칫솔, 면도기, 아벤트 유축기 등과 관련 액세서리를 구매할 수 있는 생활가전 브랜드 필립스의 공식 쇼핑몰입니다. 아마존이나 드럭스토어 등과 가격을 비교하여 저렴한 곳에서 구매하면 좋습니다.

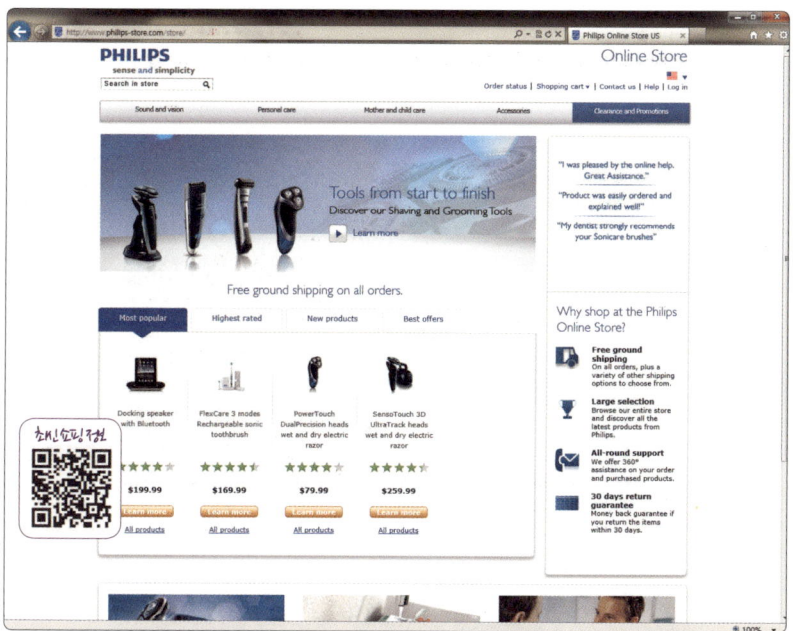

 퍼니사퍼'팁

미국 내 배송료는 일괄 $12.85입니다. 해외겸용 신용카드로 결제할 수 없으니 구매대행을 이용하거나 미국 페이팔을 이용하면 배송대행을 할 수 있습니다.

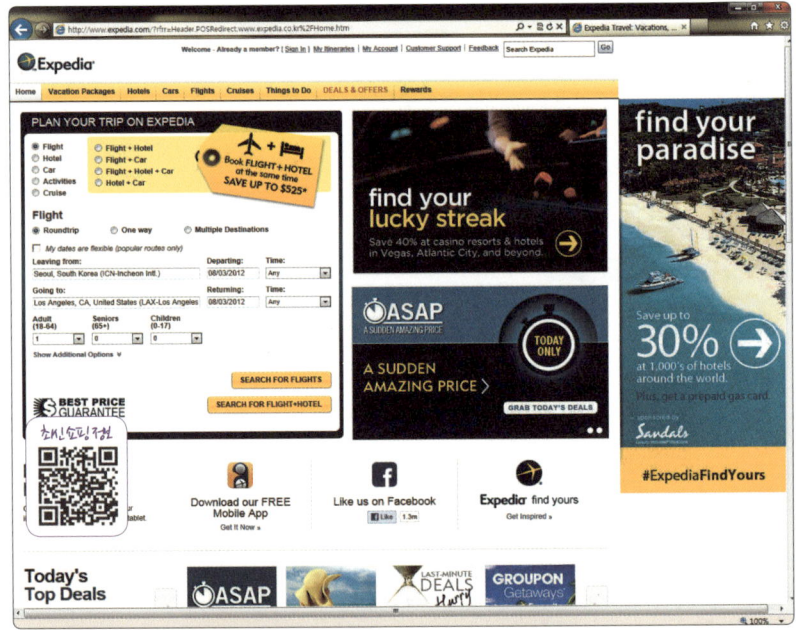

http://www.expedia.com

96 엑스페디아에서 여행상품 쇼핑하기

해외여행 시 해외 호텔과 항공권을 예약하거나 여행상품을 확인할 때 엑스페디아를 이용하면 좋습니다. 여행지가 미국 캐나다라면 국내에서 예약하는 것보다 저렴하게 예매할 수 있습니다. 검색 시, 항공권은 Flight, 호텔은 Hotel을 선택하고, 왕복 항공권은 Round trip을 선택합니다.

 머니사버'팁

한국에서 접속하면 [expedia.co.kr]로 이동하므로 홈페이지 상단의 [Welcome to Expedia.co.kr, Korea's best site for travel deals. Stay here or continue to the U.S. site at Expedia.com]을 클릭해 미국 공식 홈페이지로 이동합니다. 빌링 주소는 한국 주소를 입력합니다.

http://www.forsalebyowner.com

97 포세일바이오너에서 북미 주택 쇼핑하기

1999년부터 시작된 포세일바이오너는 미국과 캐나다의 주택을 매매 중개하는 사이트입니다. 캐나다는 유학 등으로 몇 년 동안 머물게 되는 경우가 있습니다. 이런 경우 다달이 월세를 내는 것보다 주택을 구매해서 생활하면 비용도 아끼고 좋은 환경에서 생활할 수 있기도 합니다.

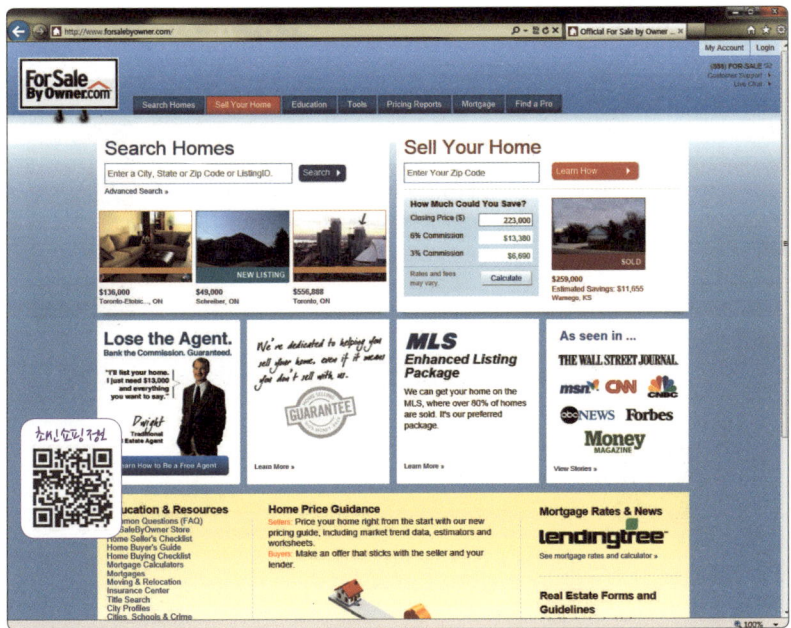

 머니사퍼'팁

부동산 매매가가 하락하면서 에이전시를 통한 중개수수료를 아끼기 위해 웹사이트를 통해서 판매하려는 사람이 많아졌습니다. 주변 시세를 확인하고 반드시 실제로 방문하여 주택 정보가 맞는지 확인해야 합니다. 또한 팔 때를 대비하여 거래가 잘 이뤄지는 지역인지도 파악하는 게 좋습니다. 집을 내놓기 전에는 고장 난 부분을 수리하고 외관을 깨끗이 하는 것이 좋습니다. 그리고 유치권 등이 설정되어 있는지 주택 기록을 꼭 점검합니다.

https://www.americanexpress.com

98 아메리칸 익스프레스에서 선불카드 쇼핑하기

아메리칸 익스프레스 공식 사이트에서 아메리칸 익스프레스 카드로 선불카드를 구매할 수 있습니다. 충전 금액만큼 사용이 가능하며, 해외겸용 신용카드로 결제에 어려운 미국 쇼핑몰 중 일부는 아메리칸 익스프레스 선불카드를 미국 아메리칸 익스프레스 카드처럼 사용할 수도 있습니다.

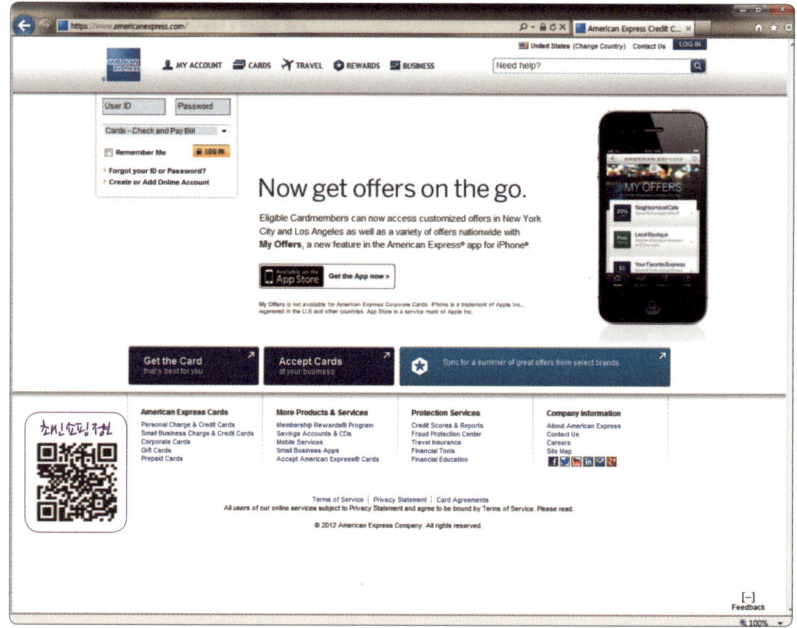

 **퍼니쇼퍼'팁**

실물카드를 배송대행지에서 받아 한국까지 실물로 받거나 번호만 불러달라고 해서 사용할 수 있습니다. 실물카드의 발급 및 배송료는 $4 내외이며, eGift card는 전자카드로 실물이 필요 없습니다. 미국 빌링 주소가 필요하므로 구매대행을 이용해야 합니다.

99 호텔스닷컴에서 여행지 호텔 저렴하게 쇼핑하기

호텔스닷컴은 전 세계 호텔을 할인가에 예약 가능한 호텔 예약사이트입니다. 계정을 만들어두면 할인쿠폰과 호텔 숙박할인 정보를 받아볼 수 있습니다.

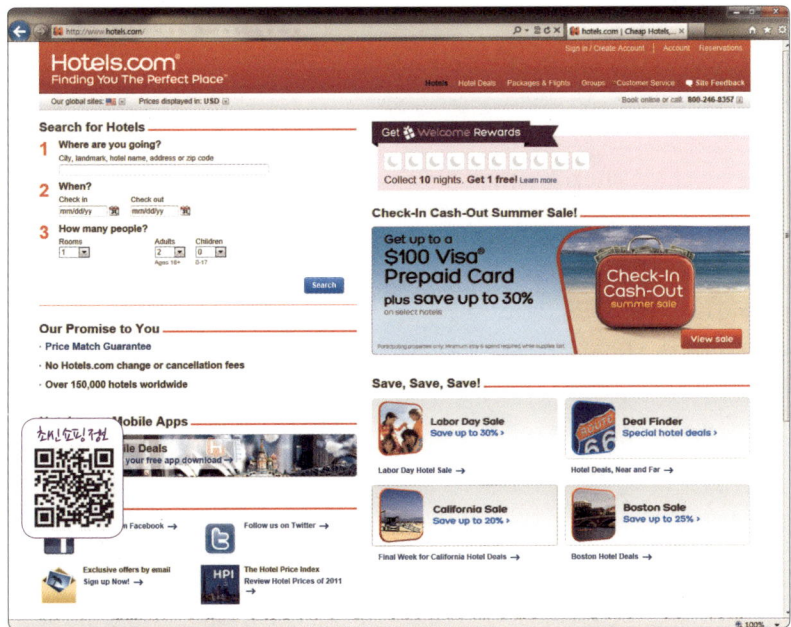

 퍼니사퍼'팁

홈페이지 왼쪽 상단의 [Our global sites]에서 [대한민국(한국어)]를 선택하면 한국어로 호텔 예약이 가능합니다.

http://www.shoprunner.com

100 샵러너에서 무료배송 이용하면서 쇼핑하기

샵러너는 미국 내 배송 멤버십 회사입니다. 연회비 $79를 지불하면 샵러너와 제휴된 미국 쇼핑몰을 이용할 때 2일 내 무료배송 서비스를 받을 수 있습니다. 미국은 영토가 넓어서 배송이 2주일이 걸리는 곳도 있는데 샵러너회원은 무료로 2일 안에 배송대행지로 주문한 상품을 받아볼 수 있습니다. 샵러너와 제휴된 쇼핑몰을 많이 이용하면 연회비가 아깝지 않을 것입니다.

 팁

샵러너는 무료 체험을 할 수 있는 기간이 있는데 이 기간이 지난 후 샵러너를 이용하지 않을 경우 미리 [my account]에서 [do not renew]를 선택해 놓아야 연회비가 청구되지 않습니다. 또 해외겸용 신용카드로 결제해서 취소된 적이 있는 계정은 다시 결제를 해도 취소가 되므로 새로운 계정을 만들어야 합니다.

Part 03

해외쇼핑
영작 활용
공략

해외쇼핑몰은 해외에서 운영하기 때문에 주로 영어를 사용합니다. 여기서는 해외쇼핑몰을 이용하다가 겪을 수 있는 문제를 이메일, 채팅 등으로 대화를 통해 해결할 때 이용할 수 있는 영문을 예문으로 배울 수 있도록 하였습니다.

 **01** 주문

빌링 주소와 다른 주소로 배송해주세요

> Can you ship to another address instead of my billing address? I am trying to send a gift for my friend in (쉬핑 주소의 도시와 주 이름). I am looking forward to your reply. Thank you.

빌링(청구) 주소와 다른 주소로 배송해줄 수 있습니까? (쉬핑 주소의 도시와 주 이름)에 살고 있는 친구에게 선물하려고 하거든요. 답장을 기다리겠습니다. 감사합니다.

 **02** 주문

로컬 매장에 재고가 있으면 주문하고 싶어요

> I want to buy a (사이즈) size of (상품 이름), in (컬러). The item that I want is out of stock online. Is there any other way I can order it? Please ask your local store to check their stock and see if they can take orders.

(컬러) 컬러로 된 (상품 이름), (사이즈)사이즈를 사고 싶습니다. 온라인에서는 품절이더군요. 이 제품을 다른 방법으로 주문이 가능한가요? 로컬 매장에 재고가 있다면 그 매장에서 주문을 받아줄 수 있는지 문의해 주셨으면 합니다.

 03 주문

빌링 주소 확인을 위해 카드 청구지 주소를 알려드릴게요

결제진행과정에서 입력한 빌링 주소가 맞는지 확인할 때, 카드사 정보 확인 시 입력한 주소가 맞지 않을 때 주로 요청합니다. 이런 경우 국내 주소를 알려주는 게 좋습니다.

> My billing address is (국내 주소). I ordered an item as a gift for my friend in the USA. Looking forward to your reply.

카드 청구지 주소는 (국내 주소)입니다. 미국에 있는 친구에게 선물로 주문했습니다. 답장을 기다리겠습니다.

신용카드 인증을 위해
승인번호를 알려드릴게요

첫 거래 시 결제진행과정에서 입력한 신용카드를 확인하기 위해 소액결제를 요청한 뒤 그 승인번호를 물어보는 경우가 있습니다. 만약 기간 내 답이 없으면 주문이 취소될 수도 있으므로 이메일을 항상 체크하는 것이 좋습니다.

● 쇼핑몰에서 보낸 이메일

Thank you for ordering with ＊＊＊＊.com. We started processing your order for the ＊＊＊＊, but since this is the first international order we have on record with you, we need to verify the (OOO card) account that was used to place the order. Could you please call the bank that issued the (OOO card) ending in (XXXX) and ask them for the authorization code for the transaction authorization in the amount of ($ XX.XX US) dated mm-dd-yy? They will only release that information to the card holder, and if you can provide us with that number, we can match it to the authorization code issued to us and release your order for shipping. You might also find the authorization code listed under pending transactions if you check your account online. We apologize for the delay this verification process has created, but we do everything we can to protect our customers and ourselves from potential credit card fraud. Once this initial transaction is completed, this verification will not be necessary for any future orders.

Also, could you please e-mail us your proper shipping address? We want to be sure we get the information on your package in the correct format.

＊＊＊＊.com에서 주문해주셔서 감사합니다. 주문을 진행하기 시작했습니다만, 우리 기록에는 당신과의 국제 주문이 첫 번째군요. 주문에 사용한 (OOO card) 카드를 확인해봐야 합니다. (XXXX) 으로 끝나는 (OOO card) 카드가 발행한 은행에 전화해서 mm-dd-yy 에 승인된 ($ XX.XX US)에 대한 승인번호를 물어봐주실 수 있습니까? 카드사에서는 카드 소지자에게만 정보를 줄 것이고, 당신이 그 승인번호를 우리에게 알려주면 우리는 승인번호가 맞는지 확인한 뒤에 배송이 시작될 것입니다. 당신은 온라인으로도 승인번호를 알아낼 수 있을 것입니다. 인증과정으로 인하여 주문이 지연되는 것에 사과합니다. 그러나 우리는 신용카드 사기로부터 고객과 우리를 보호하기 위하여 무엇이든 합니다. 한 번 기본적인 인증이 완료되면 앞으로 주문하는 건에 대해서는 인증과정을 거칠 필요가 없습니다.
더불어, 배송 주소를 이메일로 다시 보내주시겠어요? 우리는 주문이 제대로 진행되기 위해 확실히 해두고 싶습니다.

● 답장 이메일

My shipping address is (배송 주소). The authorization code is (xxxxxx)＊. When will my order ship? Looking forward to your reply.

배송주소는 (배송 주소)입니다. 승인번호는 (xxxxxx)입니다. 주문은 언제 배송이 될까요? 답장을 기다리겠습니다.

＊ 승인번호 : 쇼핑몰에서 결제한 신용카드 회사의 홈페이지에서 해외승인내역을 확인해보면 승인번호 6자리를 확인할 수 있습니다.

첫 거래 시, 주문을 진행하기 전에 신용카드회사의 정보를 확인하는 경우가 있습니다. 기간 내 답장이 없으면 주문이 취소될 수도 있으므로 이메일을 항상 확인해야 합니다.

● 쇼핑몰에서 보낸 이메일

> Thank you very much for your recent order with (＊＊＊＊.com). We show in our system that this is your first order with (＊＊＊＊.com). It is our normal routine to verify your billing information before we proceed any further with the order.
>
> Please reply to this email in 4-5 days with the following information (you can usually find this information on the back of your credit card,
>
> Please do not transmit any actual credit card numbers via email; it is not a safe method of transmission):
>
> 1. The name of the Bank that the credit card is issued from
>
> 2. The phone number of the Bank that the credit card is issued from.
>
> Thank you again for your order; we look forward to hearing from you soon.
>
> International Specialists

(＊＊＊＊.com)을 통해 주문해주셔서 매우 감사합니다. 우리 시스템으로 확인해보니 (＊＊＊＊.com)과의 첫 거래이시군요. 주문을 진행하기 전에 빌링(청구) 정보를 확인해야 합니다.
이 메일에 4-5 days 이내에 다음 정보를 답장으로 보내주세요. 당신은 신용카드 뒷면에 있는 것으로 이 정보를 찾을 수 있을 거예요.
실제 카드 번호를 포함해서 이메일에 보내지 않도록 해주십시오. 안전하지는 않거든요.
1. 신용카드가 발행된 은행의 이름.
2. 신용카드가 발행된 은행의 전화번호
주문해 주셔서 다시 한 번 감사드립니다. 당신으로부터 답장을 빨리 받기를 원합니다.

● 답장 이메일

> The name of the Bank : (카드사 또는 은행 이름)
> Card issuer : (카드사 영문 홈페이지 주소)
> The phone number of the Bank : (전화 번호, 82-지역번호-국번-번호)

은행이름 : (카드사 또는 은행 이름)
카드 발행자 : (카드사 영문 홈페이지 주소)
은행 전화번호 : (전화 번호, 82-지역번호-국번-번호)

06 주문
주문한 상품을
취소하고 싶어요

● 최근 주문한 것을 취소하고 싶을 경우

> I would like to cancel my order. My order number is (#취소하려는 주문번호). I made a mistake. I will place a reorder.

주문을 취소하고 싶습니다. 주문번호는 (#취소하려는 주문번호)입니다. 실수로 주문했어요. 재주문하겠습니다.

● 카드에 문제가 있어서 주문을 취소하고 싶을 경우

> My order number is (#주문번호). There is a problem with my (사용한 카드 브랜드명) credit card, ending in (카드번호 뒷자리 XXXX). Please cancel my order. I will order again with different credit card.

주문번호는 (#주문번호)입니다. (카드번호 뒷자리 XXXX)로 끝나는 (사용한 카드 브랜드명) 카드에 문제가 있어요. 주문을 취소해주시기 바랍니다. 다른 신용카드로 다시 주문하겠습니다.

07 주문
백오더 상품을
취소하고 싶어요

● 백오더된 상품을 취소하고 싶을 경우

> Is it possible to cancel my back ordered item? Please let me know if you can.

백오더된 상품을 취소하는 것이 가능한지요? 취소가 가능하다면 알려주세요.

● 백오더 상품을 취소했는데 환불이 안 됐을 경우

> My order number is (#주문번호). I have cancelled the back ordered item. But I did not receive a refund. Can you please check my order status? And please refund me about ($금액). I am looking forward to your reply.

주문번호는 (#주문번호)입니다. 백오더된 아이템을 취소했습니다만, 환불을 못 받았습니다. 주문 상태를 확인해줄 수 있습니까? 그리고 ($금액)을 환불해주십시오. 답장을 기다리겠습니다.

08 주문

주문한 상품을
변경하고 싶어요

● **주문한 상품의 사이즈를 변경하고 싶을 경우**

> My order number is (#주문번호). I orderd (주문한 사이즈) size, but I would like size (변경하고자 하는 사이즈). Please let me know if you can. I am looking forward to your reply.

주문번호는 (#주문번호)입니다. (주문한 사이즈) 사이즈를 주문했는데, (변경하고자 하는 사이즈) 사이즈가 더 좋을 것 같아요. 변경이 가능하다면 알려주세요. 답장을 기다리겠습니다.

● **기존에 주문한 상품에 다른 상품을 추가하고 싶을 경우**

> My order number is (#주문번호). Is it possible to add more items with existing orders? I would like (수량) of (상품 이름), size (사이즈) in (컬러). Please let me know if you can, I am looking forward to your reply.

주문번호는 (#주문번호)입니다. 이 주문에 다른 상품을 추가하는 것이 가능한지요? (컬러) 컬러로 된 (상품 이름), (사이즈) 사이즈를 (수량) 개 사고 싶습니다. 변경이 가능하다면 알려주세요. 답장을 기다리겠습니다.

● **주문한 상품 중 일부를 취소하고 싶을 경우**

> My order number is (#주문번호). I want to cancel one item. Please cancel the (취소하고 싶은 상품). Please let me know if you can. I am looking forward to your reply.

주문번호는 (#주문번호)입니다. 주문한 것 중 하나만 취소하고 싶습니다. (취소하고 싶은 상품)을 취소해주세요. 변경이 가능하다면 알려주세요. 답장을 기다리겠습니다.

백오더 상품을 변경하고 싶어요

백오더(back order)는 주문한 상품이 재고가 없어서 배송이 이뤄지지 않았을 때 쇼핑몰이 제조사에 상품을 요청한 상태를 말합니다.

● 백오더된 상품의 컬러를 변경하고 싶을 경우

> Is it possible to change the color of my back ordered item to another color? I would like a (원하는 컬러) color. Please let me know if you can.

백오더된 상품의 색깔을 변경하는 것이 가능한지요? (원하는 컬러) 컬러로 바꾸고 싶습니다. 변경이 가능하다면 알려주세요.

● 백오더된 상품을 다른 상품으로 교환하고 싶을 경우

> Is it possible to change my back ordered item to another item? I don't want that item any more. I would like to replace an order of (변경하려는 상품 또는 상품 url 또는 상품번호). Please let me know if you can.

백오더된 상품을 다른 상품으로 변경하는 것이 가능한지요? 더 이상 그 상품을 원하지 않아요. (변경하려는 상품 또는 상품 url 또는 상품번호) 으로 변경하고 싶어요. 변경이 가능하다면 알려주세요.

● 백오더에 다른 상품을 추가하고 싶을 경우

> If you have not shipped them yet, is it possible that I can add a (추가하고 싶은 상품의 url 또는 전체 상품명)?

아직 배송이 되지 않았다면 (추가하고 싶은 상품의 url 또는 전체 상품명) 상품을 하나 추가하고 싶은데 가능한가요?

● 주문한 상품 중 일부를 취소하고 싶을 경우

> My order number is (#주문번호). I want to cancel one item. Please cancel the (취소하고 싶은 상품). Please let me know if you can. I am looking forward to your reply.

주문번호는 (#주문번호)입니다. 주문한 것 중 하나만 취소하고 싶습니다. (취소하고 싶은 상품)을 취소해주세요. 변경이 가능하다면 알려주세요. 답장을 기다리겠습니다.

10
주문

주문이 취소되었는데
다시 주문하고 싶어요

● 실수로 주문한 내용을 취소한 경우

My order number is (#주문번호). I cancelled my order by accident, can I undo this? I will be awaiting your reply.

주문번호는 (#주문번호)입니다. 실수로 주문을 취소해버렸습니다만 복원할 수 있을까요? 답장을 기다리겠습니다.

● 주문한 것을 쇼핑몰에서 취소한 경우

My order number is (#주문번호). I would like to keep my order. Looking forward to your reply.

주문번호는 (#주문번호)입니다. 주문을 계속 유지하고 싶습니다. 답장을 기다리겠습니다.

● 배송대행지 주소가 reseller(리셀러, 되파는 사업자)라서 주문이 취소된 경우

My order number is (#주문번호). I'm not a reseller. I live in Korea but you do not ship to Korea. So I use another delivery company(international package forwarding services). Please process my order, I would really like to have your product, I find it amazing.

주문번호는 (#주문번호)입니다. 나는 리셀러가 아닙니다. 나는 한국에 살고 있지만 당신은 한국으로 배송해주지 않죠. 그래서 나는 배송대행사를 이용합니다. 주문을 진행시켜 주시기 바랍니다. 당신의 제품을 너무 원하고 있고 놀랍게도 그것을 찾아냈습니다.

11 주문

주문 정보를 확인할 수 없으니
주문 상태를 알려주세요

● 주문번호를 알고 있는 경우

> My order number is (#주문번호). I cant find my order in the order history. How do I check my order? I am looking forward to your reply.

주문번호는 (#주문번호)입니다. 주문내역에서 이 주문을 찾을 수 없습니다. 어떻게 주문 상태를 확인할 수 있을까요? 답장을 기다리겠습니다.

● 주문확인 메일을 못 받았을 경우

> I did not receive my order confirmation by email. Can you check my order? I ordered with a (결제수단, 기프트카드/신용카드/페이팔 등), ending number ✳✳✳✳(카드번호 마지막 4자리 숫자)/checkout account (해당 결제수단의 어카운트) on (주문 날짜) order total was $xxx.xx(결제금액). My email address is (이메일주소). Please resend the order confirmation email.

주문 확인 이메일을 받지 못했습니다. 주문을 좀 확인해주시겠습니까?
✳✳✳✳(카드번호 마지막 4자리 숫자)로 끝나는 (신용카드/기프트카드)로 (주문 날짜)에 $xxx.xx(결제금액)어치를 주문했습니다. (페이팔/구글 체크아웃)의 (해당 결제수단의 어카운트) 계정으로 (주문 날짜)에 $xxx.xx(결제금액)어치를 주문했습니다. 내 이메일 주소는 (이메일주소)입니다. 주문 확인 이메일을 다시 보내주십시오.

● 이메일 주소를 잘못 입력해서 주문 업데이트를 못 받은 경우

> I mistyped my email address, it is (맞는 이메일주소). I updated the account information. Please send me an order again with the complete email and tracking information to (맞는 이메일주소).

이메일 주소를 잘못 적었습니다. (맞는 이메일주소)이 올바른 이메일 주소입니다. 계정정보를 수정했습니다. (맞는 이메일주소)로 주문과 배송정보를 다시 한 번 보내주시겠습니까?

12 신용카드 한도 문제가 해결되었으니
다시 주문을 진행해주세요

결제

해외쇼핑몰에서 결제를 할 때는 주문이 완료되고 배송이 이뤄질 때 신용카드에 승인을 요청합니다. 따라서 그 시점에 신용카드에 문제가 발생하면 주문이 더 이상 진행되지 않습니다.

> My order number is (#주문번호). I exceeded my credit card ＊＊＊＊(카드번호 마지막 4자리 숫자) limit when you tried the authorization. The problem is resolved. Please process my order now. I look forward to your reply.

주문번호는 (#주문번호)입니다. ＊＊＊＊(카드번호 마지막 4자리 숫자)로 끝나는 신용카드가 사용 한도가 넘어 승인이 거절되었습니다. 문제를 해결했으니 주문을 진행해주십시오. 답장을 기다리겠습니다.

13 무료배송으로
변경해주세요

결제

● [live chat*]

funnyshopper: I ordered now order number is (#주문번호). I had just one mistake.

Jake W.: What was your mistake?

funnyshopper: I did not check free shipping. Can you change shipping option free?

Jake W.: For sure you just want the free shipping?

funnyshopper: yes. I just want free shipping. Can you change shipping option?

Jake W.: Ya I can do that really quick, give me one second.

funnyshopper: Thanks. I checked my order status shows free shipping, Thanks. Have a nice day~

고객 : 방금 주문했는데, 주문번호는 (#주문번호)입니다. 그런데 한 가지 실수를 했어요.
상담원 : 무슨 실수입니까?
고객 : 무료배송에 체크하지 않았어요. 배송옵션을 무료로 변경해주시겠어요?
상담원 : 무료배송만 원하나요?
고객 : 네, 무료배송으로 변경만 해주면 됩니다. 배송옵션을 변경해주시겠어요?
상담원 : 예, 빨리 가능합니다. 잠시만 기다리세요.
고객 : 감사합니다. 주문 상태를 확인해보니 무료배송으로 되었군요. 감사합니다. 좋은 하루 되십시오.

* live chat : 홈페이지에서 실시간으로 상담원과 채팅하는 곳입니다. 구매상품에 대한 정보 확인 및 변경, 환불 등의 일처리를 빠른 시간에 할 수 있습니다.

주문이 완료되지 않았는데
신용카드 승인이 되었으니 취소해주세요

해외쇼핑몰을 이용하면 주문이 완료됐을 때 카드결제 승인만 되고 실제 청구는 배송이 끝난 다음에 이뤄집니다. 그런데 시스템 오류로 주문이 완료되지 않았는데 승인이 요청되는 경우 가 있습니다.

● 신용카드 결제 승인으로 한도 초과되어 신용카드를 사용할 수 없는 경우

I ordered on (쇼핑몰 사이트). The order was not completed but the credit card was charged and I exceeded my credit card limit. Please cancel the credit card action and restore my account to its previous balance. My credit card ＊＊＊＊(카드번호 마지막 4자리 숫자), authorization number ＊＊＊＊＊＊(승인번호 6자 리). I look forward to your reply.

(쇼핑몰 사이트)에서 주문을 했습니다만 주문은 완료되지 않았습니다. 그런데 청구되었고 신용카드 사용한도가 넘어버렸습니다. 한도 복원을 위해 승인을 취소해주시기 바랍니다. ＊＊＊＊(카드번호 마지막 4자리 숫자)로 끝나는 신용카드이고 승인번호는 ＊＊＊＊＊＊(승인번호 6자리)입니다. 답장을 기다리겠습니다.

● 주문하지 않았는데 승인 및 청구가 된 경우

My order number is (#주문번호). My order was cancelled and I received the cancellation email. But my credit card was charged $XX.XX(결제금액) on the mmddyy(결제일). I didn't make a new order after that. Please refund the pur- chase to my credit card, ending number ＊＊＊＊(카드번호 마지막 4자리 숫 자) with authorization number ＊＊＊＊＊＊(승인번호 6자리). I look forward to your reply.

주문번호는 (#주문번호)입니다. 주문은 취소되었고 취소 이메일도 받았습니다. 그러나 신용카드로 mmddyy(결제일)에 $XX.XX(결 제금액)이 청구되었습니다. 취소된 이후로 새로운 주문을 하지 않았습니다. 결제했던 ＊＊＊＊(카드번호 마지막 4자리 숫자)로 끝나는 신용카드의 ＊＊＊＊(승인번호 6자리) 승인번호에 해당하는 금액을 환불해주시겠습니까? 답장을 기다리겠습니다.

15
결제

할인쿠폰을 입력하지 못했는데
적용해주세요

● 주문 시 적용을 못한 경우

My order number is (#주문번호). I forget to enter my promotion code. Please apply the promotion code on my order. My Promo Code is (할인쿠폰 번호). I look forward to your reply.

주문번호는 (#주문번호)입니다. 주문할 때 할인코드를 입력하는 것을 잊었습니다. 주문에 할인코드를 적용해주십시오. 할인코드는 (할인쿠폰 번호)입니다. 답장을 기다리겠습니다.

● 오류 발생해서 적용되지 않은 경우

My order number is (#주문번호). I input the promotion code (할인쿠폰 번호), but it was not applied through checkout. Please fix this issue. I look forward to your reply.

주문번호는 (#주문번호)입니다. 결제할 때 할인코드 (할인쿠폰 번호)를 입력했지만 적용되지 않았습니다. 답장을 기다리겠습니다.

● 사은품 가격이 청구된 경우

My order number is (#주문번호). I applied free gift promotion (사은품 링크). But when I checked if my order was shipped, the promotions was not applied. Please apply free gift promotion to my order and refund the difference of $XX.XX(환불 받을 금액). I look forward to your reply.

주문번호는 (#주문번호)입니다. 주문할 때 무료 사은품 (사은품 링크) 프로모션을 적용했습니다. 그런데 배송되었는지 확인해보니, 프로모션이 적용되지 않았습니다. 주문에 무료 사은품이 적용되어야 하니 $XX.XX(환불 받을 금액)을 환불해주시기 바랍니다. 답장을 기다리겠습니다.

● 사은품이 누락된 경우

My order number is (#주문번호). I entered the free gift promotion (code 쿠폰) (link 사은품링크) of (프로모션 내용). On my order detail, the promotion was not applied. Please don't forget to send me the free gift. I look forward to your reply.

주문번호는 (#주문번호)입니다. 무료 사은품 (프로모션 내용)을 받기 위해 (code 쿠폰) (link 사은품링크)를 적용했습니다. 주문을 조회해보니 프로모션이 적용되지 않았습니다. 무료 사은품을 누락하지 말아주십시오. 답장을 기다리겠습니다.

주문한 상품의 가격을 조정해주세요

가격 조정(price adjustment)은 소비자가 구매한 시점으로부터 일정기간 이내에 가격이 하락하면, 그 차액에 대해서는 환불해주는 것입니다. 가격조정은 각 쇼핑몰마다 조건이 다르므로 customer service(고객안내), help(도움말), FAQ(묻고 답하기) 페이지 등에 안내된 가격조정 정책을 확인 후 요청하시기 바랍니다.

● 할인된 금액으로 가격 조정 요청

Hello.

Thanks your smart shipment. I ordered 2 days ago. You starting the (세일명) sale.

My order number is (#주문번호), I found new price down items in my order.

(상품명 1) (사이즈) (단가) (수량) (주문한 가격) -〉 (낮아진 가격) =〉 (차액)

(상품명 2) (사이즈) (단가) (수량) (주문한 가격) -〉 (낮아진 가격) =〉 (차액)

The difference between the regular price and the sale price is (환불받을 총액).

Can you give me the sale price? Please reply. Thanks always for your service.

안녕하세요.
빠른 배송 감사합니다. 2일 전에 주문했고, (세일명) 세일이 시작했습니다. 주문번호는 (#주문번호)입니다. 주문했을 때보다 가격이 낮아진 걸 찾아냈습니다.
(상품명 1) (사이즈) (단가) (수량) (주문한 가격) -〉 (낮아진 가격) =〉 (차액)
(상품명 2) (사이즈) (단가) (수량) (주문한 가격) -〉 (낮아진 가격) =〉 (차액)
세일로 인한 낮아진 가격은 (환불받을 총액)입니다. 세일 가로 적용받을 수 있을까요? 답장 부탁드리며, 항상 당신의 서비스에 감사하고 있습니다.

● 배송비 무료로 가격 조정 요청

My order number is (#주문번호). My order was placed several hours ago. Did you start the free shipping promotion now? My package is not shipped yet. Can you adjust shipping fee? I look forward to your reply.

주문번호는 (#주문번호)입니다. 몇 시간 전에 주문했는데 지금 보니 무료배송 프로모션을 시작했네요. 나의 물건은 아직 배송되지 않았습니다. 배송비를 무료로 해줄 수 있습니까? 답장을 기다리겠습니다.

● 주문 후 시작된 프로모션 적용한 가격으로 조정 요청

My order number is (#주문번호). My order was placed several hours ago(또는 a few days ago). Did you start the promotion (프로모션 내용-) now? My package is not shipped yet.(이 문장은 배송 전에만 사용합니다.) Can you adjust about (환불받을 금액)? I look forward to your reply.

주문번호는 (#주문번호)입니다. 몇 시간 (또는 며칠 전)에 주문했습니다. 그런데 방금 (프로모션 내용) 프로모션이 시작되었습니다. 아직 내 물건은 배송되지 않았습니다.(이 문장은 배송 전에만 사용합니다.) (환불받을 금액)에 대한 가격조정이 가능할까요? 답장을 기다리겠습니다.

● 주문 후 발급된 쿠폰을 적용시킨 가격으로 조정 요청

My order number is (#주문번호). My order was placed several hours ago(또는 a few days ago). Did you start the '(할인쿠폰 번호)' now? My package is not shipped yet.(이 문장은 배송 전에만 사용합니다.) Can you adjust about (환불받을 금액)? I look forward to your reply.

주문번호는 (#주문번호)입니다. 몇 시간 전에(또는 며칠 전에) 주문했습니다. 그런데 방금 (할인쿠폰 번호) 쿠폰이 시작되었습니다. 아직 내 물건은 배송되지 않았습니다.(이 문장은 배송 전에만 사용합니다.) (환불받을 금액)에 대한 가격조정이 가능할까요? 답장을 기다리겠습니다.

● 가격 조정을 했는데 약속한 금액보다 적게 환불된 경우

My order number is (#주문번호). I received price adjustment about (가격 조정 받은 상품). Please refer your price adjust confirmation email, (이전에 가격조정해 주겠다는 해당 사이트 이메일 내용).
금액이 적게 환불이 된 경우 : But the refund amount is $XX.XX(환불 금액). Please correct this problem, and reply me.
약속한 날까지 환불이 안 된 경우 : But refund was not complete. Please check this, I look forward your reply.

주문번호는 (#주문번호)입니다. (가격 조정 받은 상품)에 대한 가격조정을 받았습니다. 이전에 당신이 보낸 가격조정 확인 이메일을 참고하십시오. (이전에 가격조정해주겠다는 해당 사이트 이메일 내용)
금액이 적게 환불이 된 경우 : 그런데 환불받은 금액은 $XX.XX(환불 금액)입니다. 이 문제를 바로잡아서 답장해주시기 바랍니다.
약속한 날까지 환불이 안 된 경우 : 환불이 이루어지지 않았습니다. 확인하시기 바랍니다. 답장을 기다리겠습니다.

17 백오더 상품은 언제 배송되는지 알려주세요

배송

● 백오더 상품을 언제 발송할 것인지 문의할 경우

> My order number is (#주문번호). When will my back ordered items be shipped?
> (상품 1 and 상품 2) I look forward to your reply.

주문번호는 (#주문번호)입니다. 백오더된 상품 (상품 1 and 상품 2) 은 언제 배송됩니까? 답장을 기다리겠습니다.

● 사이트상에 재고가 있는데 배송이 안 될 경우

> My order number is (#주문번호).
> When will my back ordered item be shipped? The back ordered item is in stock
> now, please ship soon.

주문번호는 (#주문번호)입니다. 백오더된 상품 (상품 1 and 상품 2) 은 언제 배송됩니까? 백오더된 상품이 지금은 재고가 있는 것으로 확인되고 있으니 빠른 배송 바랍니다.

● 운송장만 등록되고 배송이 안 되는 경우

My order number is (#주문번호). I received the tracking number UPS* (운송장 번호). When will it be delivered? The shipping status is Billing Information Received** from ddmm(날짜). I look forward to your reply.

주문번호는 (#주문번호)입니다. UPS (운송장번호)를 받았습니다. 언제 도착하나요? 배송상태를 확인해보니 ddmm(날짜)로부터 청구 정보만 받았다고 나옵니다. 답장을 기다리겠습니다.

* UPS : 운송회사
** Billing Information Received : 운송장만 등록된 것

● 배송에 진척이 없는 경우

My order number is (#주문번호). I've been tracking my package but it doesn't seem to have been moving. When will it be delivered ? Please check the tracking status, I look forward to your reply.

주문번호는 (#주문번호)입니다. 배송 건을 조회해봤는데, 움직이는 것 같지 않습니다. 언제 도착하나요? 배송상태를 확인하고 답장 주시기 바랍니다.

● 한 달 이상 배송이 안 되는 경우

My order number is (#주문번호). I have been waiting for my package for over a month(기간). Where is my package? Please check my tracking status, and reply to me.

주문번호는 (#주문번호)입니다. 한 달 째 내 물건을 기다리고 있습니다. 내 물건은 어디에 있나요? 배송상태를 확인하고 답장 주시기 바랍니다.

● 1주일 내 배송이 안 되면 환불해줄 것을 요청

My order number is (#주문번호). I'm only going to wait 7 more days. I would like a refund if my package does not arrive within 7 days from now. I look forward to your reply.

주문번호는 (#주문번호)입니다. 7일 이상 기다렸습니다. 지금부터 7일 이내에 배송을 시작하지 않으면 환불해주시기 바랍니다. 답장을 기다리겠습니다.

● 배송 시작되었는데 운송장 번호가 없는 경우

My order number is (#주문번호). The order status is shipped. Could you send me a tracking number? I look forward to your reply.

주문번호는 (#주문번호)입니다.
배송이 시작되었습니다만, 운송장 번호를 보내주시겠습니까? 답장을 기다리겠습니다.

● 운송장 번호가 틀린 경우

My order number is (#주문번호). I received shipping confirmation notification via email.(이메일 받았을 경우) I checked the order status, the order was shipped.(쇼핑몰의 오더 상태 조회해서 ship 되었다고 나온 경우) So I track it, the tracking number (운송장 번호) shows an error. Please send me a correct tracking number. I look forward to your reply.

주문번호는 (#주문번호)입니다.
배송 확인 이메일을 받았습니다. 주문 상태를 확인해보니 배송되었다고 나왔습니다. 그래서 운송장번호(운송장 번호)를 추적해봤더니 오류가 발생합니다. 올바른 운송장번호를 보내주시기 바랍니다. 답장을 기다리겠습니다.

20
배송

배송 상태가 이상하니
확인해주세요

● 배송 상태가 이상할 경우

> My order number is (#주문번호). 메일 받았을 경우 : I received shipping confir-
> mation notification via e-mail. 쇼핑몰의 오더 상태 조회해서 ship 되었다고 나온
> 경우 : I checked the order status, the order was shipped. So I track it, the track-
> ing number (운송장 번호) shows an error. Please send me a correct tracking
> number. I look forward to your reply.

주문번호는 (#주문번호)입니다. 이메일 받았을 경우 : 배송 확인 이메일을 받았습니다. 쇼핑몰의 오더 상태 조회해서 ship 되었다고
나온 경우 : 주문 상태를 확인해보니 배송되었다고 나왔습니다. 그래서 운송장번호(운송장 번호)를 추적해봤더니 오류가 발생합니다.
올바른 운송장번호를 보내주시기 바랍니다. 답장을 기다리겠습니다.

● 배송 상태는 도착이라고 되어 있는데 배송이 안 됐을 경우

> My order number is (#주문번호).
> My tracking status says delivered. I didn't receive anything. Please check my order
> and let me know the correct tracking number. I look forward to your reply.

주문번호는 (#주문번호)입니다.
배송 추적을 해봤더니 이미 도착했다고 합니다. 나는 아무것도 받지 못했습니다. 나의 주문을 확인해보고 올바른 운송장 번호를 알려
주시기 바랍니다. 답장을 기다리겠습니다.

상품이 다른 곳으로
배송되었어요

● 쇼핑몰의 실수로 다른 곳으로 상품이 배송되어 재발송 요청

My order number is (#주문번호), and order tracing number is (운송장 번호), the parcel was not delivered me. It seems it's been delivered to a wrong address. Please send it to me again. (주문한 주소) I look forward to your reply.

주문번호는 (#주문번호)이고, 운송장 번호는 (운송장 번호)입니다. 물건이 도착하지 않았습니다. 잘못된 주소로 도착한 것 같습니다. (주문한 주소)로 다시 보내주시기 바랍니다. 답장을 기다리겠습니다.

● 쇼핑몰의 실수로 다른 곳으로 상품이 배송되어 환불 요청

My order number is (#주문번호), and order tracing number is (운송장 번호), the parcel was not delivered me. It seems its been delivered to a wrong address. I can't wait anymore. please refund the (결제 금액) to my credit card ending number (결제한 카드번호 마지막 4자리 숫자) I look forward to your reply.

주문번호는 (#주문번호)이고, 운송장 번호는 (운송장 번호)입니다. 물건이 도착하지 않았습니다. 잘못된 주소로 도착한 것 같습니다. 더 이상 기다릴 수 없으니 (결제한 카드번호 마지막 4자리 숫자)로 끝나는 신용카드로 $XX.XX(결제 금액)을 환불해주시기 바랍니다. 답장을 기다리겠습니다.

● 자신의 실수로 반송되어 재발송 요청

My order number is (#주문번호). My package was returned because I mistyped my address. When you receive my package could you resend it to me? Please let me know when you receive it and when you send it. My correct address is (올바른 주소)

주문번호는 (#주문번호)입니다. 주소를 잘못 써서 물건이 반송되었습니다. 물건이 도착하면 다시 보내줄 수 있을까요? 다시 보낼 때 알려주시겠어요? 올바른 주소는 (올바른 주소)입니다.

22 이베이에서 낙찰 받은 물건이 배송되지 않았어요

배송

● 물건 배송 안 됐을 때 이베이 판매자에게 확인 요청

Hello.

I have a question about shipping. When I checked my package tracking information describing only

Label/Receipt Number: (운송장번호)

There are no records on this tracking number. Could you confirm my tracking number if this is correct?

I did not receive my 주문한 상품 yet. Can you tell me how long should I wait? I can't track my package because it says "no record".

Where are my 주문한 상품?

I did not receive the 주문한 상품. So I will Report 'an item not received' next monday. Please check the tracking status of parcel.

안녕하세요.
배송에 관해 질문이 있습니다. 운송장번호 (운송장번호)를 조회했더니 "기록이 없는 번호입니다. 운송장 번호가 맞는 것인지 다시 한 번 확인해주시겠습니까?"라고 나옵니다.
주문한 상품을 아직 받지 못했습니다. 내가 얼마나 더 기다려야 하는지 알려주시겠어요? 기록이 없다고 하니 추적할 수가 없습니다.
주문한 상품은 어디에 있나요?
주문한 상품을 다음 주 월요일까지 받지 못한다면 이베이에 '상품을 받지 못함을 보고함'으로 처리하겠습니다. 배송추적을 해주시기 바랍니다.

● 이베이와 페이팔에 이의제기하겠다고 판매자에게 통보

You didn't answer my last email and I didn't receive any one. So I will feedback the Report an Item Not Received option. And I will make a paypal claim.

당신은 나의 마지막 이메일에 답변하지 않았고 나는 아무것도 받지 못했습니다. 그래서 이베이에 '상품을 받지 못함을 보고함'으로 피드백을 남겼고, 페이팔에 클레임을 걸 것입니다.

● 재배송 요청

Hello.

My order number is (#주문번호).

I ordered (총 주문한 수량) items. But the one item was not delivered.

(누락된 상품, 수량, 가격)

Please send me again.

Shipping to

(배송 받을 주소)

안녕하세요.
주문번호는 (#주문번호)입니다. (총 주문한 수량)개의 상품을 주문했습니다. 그러나 (누락된 상품, 수량, 가격) 1개가 도착하지 않았습니다. 다시 보내주시기 바랍니다.
배송 받을 곳
(배송 받을 주소)

● 환불 요청

Hello.

My order number is (#주문번호).

I ordered (총 주문한 수량) items. But the one item was not delivered.

(누락된 상품, 수량, 가격)

품절이어서 환불받고 싶은 경우 : The items status is out of stock. You should refund about $xx.xx(환불금액).

그냥 환불 받고 싶을 때은 경우 : I want to refund, please refund $xx.xx(환불금액).

안녕하세요.
주문번호는 (#주문번호)입니다.
(총 주문한 수량)개의 상품을 주문했습니다. 그러나 (누락된 상품, 수량, 가격)가 도착하지 않았습니다.
품절이어서 환불받고 싶은 경우 : 주문했던 상품은 품절이기 때문에 $xx.xx(환불금액)을 환불해주셔야 합니다.
그냥 환불 받고 싶을 때은 경우 : 환불받기를 원합니다. $xx.xx(환불금액)을 환불해주십시오.

24 환불
상품이 품절되었다면
결제한 수단으로 환불해주세요

● 상품이 품절되어 쇼핑몰 적립금으로 환불해주겠다는 쇼핑몰 이메일

> I am so sorry to hear about the problems you have had with your order and apologize for any inconvenience this may have caused. Upon reviewing your concern, You have $119.00 in store credit, has been issued for your sold out items. Once again I do apologize for any inconvenience this may have caused.

주문에 문제가 있어서 정말 죄송하며 그로 인한 불편한 점 사과드립니다. 검토해보니 품절 건으로 인한 $119의 적립금이 있습니다. 다시 한 번 불편을 드린 점 사과드립니다.

● 신용카드로 환불해달라는 고객 이메일 답장

> I don't want a store credit refund. Please refund the money to my credit card ending number (#카드번호 마지막 4자리 숫자). I look forward to your reply.

적립금은 원하지 않아요. 결제했던 (#카드번호 마지막 4자리 숫자)로 끝나는 신용카드로 환불해주시기 바랍니다. 답장을 기다리겠습니다.

25 환불
무료배송인데 배송비가
청구되었으니 환불해주세요

> My order number is (#주문번호). Thanks for your shipping confirmation email. UPS tracking status stated the shipping weight is 9lb. According to your shipping policy, an item over $100 and under 10Lbs is free shipping. But I paid the shipping fee $XX.XX(배송비로 지불한 금액). Please tend to this problem, I would like a refund shipping charge of (배송비로 지불한 금액). I look forward to your reply.

주문번호는 (#주문번호)입니다. 배송알림 이메일 감사합니다. UPS 통해서 확인해보니 배송무게가 9파운드입니다. 당신의 배송 정책에 보면 $100 이상의 주문을 한 경우 10파운드 미만이면 배송비는 무료입니다. 그런데 나는 배송비로 $XX.XX(배송비로 지불한 금액)을 지불했습니다. 배송비로 지불한 $XX.XX(배송비로 지불한 금액) 금액에 대해 환불해주십시오. 답장을 기다리겠습니다.

반송을 하지 않고 전액 환불(full refund)이나 같은 물건 재배송(replacement, re-ship)이 가능한 경우는 파손된 정도가 반품을 하더라도 재판매를 할 수 없거나, 물건의 가격보다 미국 내 반품 비용이 더 많이 드는 경우에 가능합니다.

● 파손된 제품일 경우

> Hello.
> My order number is (#주문번호). I received broken bottle of (파손된 제품명). I can't take this with broken pieces. Refer this image (이미지 url*). I look forward to your reply.

안녕하세요.
주문번호는 (#주문번호)입니다. (파손된 제품명)의 병이 깨진 것을 받았습니다. 유리병 조각과 함께 이것을 가질 수는 없습니다. (이미지 url*) 경로에서 이미지를 참고하십시오. 답장을 기다리겠습니다.

*이미지 url : 이미지를 첨부해서 메일을 보내면 시스템에서 스팸메일로 판단하여 확인하지 않는 경우도 있기 때문에 블로그 등에 이미지를 올리고 url을 보내는 게 좋습니다.

● 수리비를 청구할 경우

> My order number is (#주문번호).
> I received damaged item, (상품 이름), refer this image (이미지 url). I want to replace with another. I like this design but this item is out of stock now. So I would like to repair it. Is it possible for you to pay repair fee? I look forward to your reply.

주문번호는 (#주문번호)입니다.
파손된 (상품 이름)을 받았습니다. (이미지 url*) 경로에서 이미지를 참고하십시오. 다른 것으로 교환받고 싶습니다. 그런데 이 디자인이 마음에 들고 현재 이 디자인은 품절입니다. 그래서 나는 이것을 고쳐서 사용하고 싶은데 수리비를 받을 수 있을까요? 답장을 기다리겠습니다.

27
환불
주문한 상품이 결제는 됐는데
배송이 안 되었으니 환불해주세요

In my recent orders, (오류가 났지만 도착하지 않은 주문 내역)
I just received an error message of my first and second order during the check-out process and it only succeeded on the last order. But you charged for triple amount of money from my credit card ending number XXXX(카드번호 마지막 4자리 숫자). The authorization codes are XXXXXX(승인번호 6자리 숫자), XXXXXX(승인번호 6자리 숫자), XXXXXX(승인번호 6자리 숫자). Please refund $XX.XX(환불받을 금액). I look forward to your reply.

최근에 주문을 시도했는데, 체크아웃 과정에서 첫 번째와 두 번째는 오류 메시지가 나고 세 번째 주문만 성공했습니다. 그러나 XXXX(카드번호 마지막 4자리 숫자)로 끝나는 신용카드에 3번의 금액이 청구되었습니다. 승인번호는 XXXXXX(승인번호 6자리 숫자), XXXXXX(승인번호 6자리 숫자), XXXXXX(승인번호 6자리 숫자)입니다. $XX.XX(환불받을 금액)에 대해 환불해주시기 바랍니다. 답장을 기다리겠습니다.

28
환불
취소한 주문을 복원시켰는데
결제금액이 달라요

My order number is (#주문번호). Ever since I contacted you I cancelled the order. I tried to order again and order number is (#주문번호).
But there is difference between the cancelled order and the new order. Please refer the below for confirmation email. Can you refund me difference of $XX.XX(차액)? I look forward to your reply.
(2개의 주문 확인 이메일 첨부)

주문번호는 (#주문번호)입니다. 취소한 주문에 대해 연락했었습니다. 그래서 주문을 복원시켰고 주문번호는 (#주문번호)입니다. 그러나 취소한 주문과 새로운 주문 사이에 차이가 발생했습니다. 주문 확인 이메일을 참고하십시오. 차액 $XX.XX를 환불해주시겠습니까? 답장을 기다리겠습니다.
(2개의 주문 확인 이메일 첨부)

29 주문한 내용을 변경했는데 승인 금액이 달라졌어요

환불

해외쇼핑몰은 세일이 종료되면 가격이 원래대로 복구되는 경우가 종종 있습니다.

My order number is (#주문번호). I had to exchange it with a (BBB) color bag with instead of (AAA) color which is on sale. But my credit card charged $xx.xx(청구된 금액). I purchased (BBB) color for sale price $xx.xx(세일했던 금액, 변경 전 주문 금액). Please refund the difference. I don't want to get regular price. If you can't then please cancel my order. I look forward to your reply.

주문번호는 (#주문번호)입니다.
나는 (AAA) 컬러 대신 (BBB) 컬러로 변경했고 아이템은 세일 중이었습니다. 그런데 청구된 금액은 $xx.xx(금액)입니다. (BBB) 컬러를 세일가인 $xx.xx(세일했던 금액, 변경 전 주문 금액)로 주문했습니다. 차액을 환불해주시기 바랍니다. 정상가로는 사고 싶지 않습니다. 만약 취소가 불가능하다면 주문을 취소해주시기 바랍니다. 답장을 기다리겠습니다.

30 기프트 카드로 결제 후 취소했는데 환불이 안 되었어요

환불

My order number is (#주문번호). I ordered using a gift card. Since my order was cancelled I didn't get my gift card balance back. When are you going to refund the money to my gift card? I look forward to your reply.

주문번호는 (#주문번호)입니다. 상품권을 사용해서 주문했습니다. 주문이 취소되고 나서 상품권 잔액이 복구되지 않았습니다. 상품권으로 언제 환불이 이루어지나요? 답장을 기다리겠습니다.

31  기프트 카드로 주문하는데 오류가 발생했어요

> I tried to order with a gift card number (기프트 카드 번호) but I received an error message and my gift card balance became ZERO. I did not use this gift card anywhere before. When can I receive full balance again? I look forward to your reply.

(기프트 카드 번호)로 된 상품권으로 주문을 시도했습니다만, 주문 중 오류 메시지가 나오면서 상품권의 잔액이 0이 되었습니다. 그 전에 아무데서도 그 상품권을 사용한 적이 없습니다. 잔액이 언제 복구될까요? 답장을 기다리겠습니다.

32  환불이 안 되었으니 확인해주세요

> My order number is (주문번호).
> I received the refund confirmation with this order.
> Please refer your previous email,
> (이전에 환불해주겠다는 해당 사이트 이메일 내용)
> But the refund has not been completed. Please check this, I look forward your reply.

주문번호는 (#주문번호)입니다.
환불 확인을 받았습니다. 이전에 보내준 이메일 내용을 참고하십시오.
(이전에 환불해주겠다는 해당 사이트 이메일 내용)
그런데 환불이 완료되지 않았습니다. 확인하고 답장주시기 바랍니다.

품절된 상품이 결제되었으니 환불해주세요

● 품절된 상품 금액까지 청구된 경우 환불 요청

My order number is (#주문번호). When I ordered on DD/MM(일/월), I paid $(주문한 총액). But some items were out of stock so the order's renewed amount was $(품절된 상품 제외한 금액). But they billed me $(청구된 금액) from ending number XXXX(카드번호 마지막 4자리 숫자) credit card. Please check this and refund $(환불 받을 금액). I look forward to your reply.

주문번호는 (#주문번호)입니다. DD/MM에 주문했고, $XX.XX(주문한 총액)을 지불했습니다. 그런데 몇몇 상품이 품절이 되어서 주문 총액이 $XX.XX(품절된 상품 제외한 금액)이 되었습니다. 그런데 XXXX(카드번호 마지막 4자리 숫자)로 끝나는 신용카드로 $XX.XX(청구된 금액)가 청구되었습니다. 확인하고 차액 $XX.XX(환불 받을 금액)을 환불해주시기 바랍니다. 답장을 기다리겠습니다.

● 품절된 상품 때문에 배송비가 부과됐을 경우 환불 요청

My order number is (#주문번호). I ordered total $(주문한 총액) and free ship. But I received out of stock notification about item of $(품절된 상품 금액). But refund amount was $(환불받은 금액). If I know item will be out of stock, I will order another one. The out of stock was not my fault, So you should refund about shipping fee $(추가로 환불 받아야할 금액). I look forward to your reply.

주문번호는 (#주문번호)입니다. 무료배송에 총액 $XX.XX(주문한 총액)로 주문했습니다. 그러나 $XX.XX(품절된 상품 금액)짜리 상품에 대해 품절 연락을 받았습니다. 환불된 금액은 $XX.XX(환불받은 금액)이었습니다. 그 상품이 품절될 것을 알았다면 다른 상품을 주문했을 것입니다. 품절은 나의 잘못이 아니기 때문에 배송료 $XX.XX(추가로 환불 받아야할 금액)를 환불해주셔야 합니다. 답장을 기다리겠습니다.

1회용 쿠폰 사용했는데 주문이 취소되었으니 재발급해주세요

My order number is (#주문번호). I used the 10% off coupon code ＊＊＊＊＊＊ ＊＊＊＊＊＊(쿠폰번호). But the order was cancelled. Can I have a new 10% off code? I look forward to your reply. Thank you.

주문번호는 (#주문번호)입니다. 10% 쿠폰 ＊＊＊＊＊＊＊＊＊＊＊＊(쿠폰번호)을 사용해서 주문했습니다. 그런데 주문이 취소되었습니다. 새로운 10% 쿠폰을 발행해줄 수 있을까요? 답장을 기다리겠습니다. 감사합니다.

35 한국이라서 불량품을 반송하는데 어려움이 있어요

반송

쇼핑몰에서 한국으로 직배송해준 경우는 반송할 때 국제배송료를 요구할 수 있지만, 배송대행을 이용한 경우라면 대부분 거절됩니다. 왜냐하면 쇼핑몰은 해당 국가의 거주자에게 판매한 것이기 때문입니다. 이런 경우 배송대행지 또는 해당 쇼핑몰까지 우체국 특급우편(EMS)을 이용해서 반송해야 합니다.

My order number is (#주문번호). I received a damaged item (상품명), the right side of the shoe did not completely finished. So when I wear it, I have severe foot pain. (손상된 부분과 정도를 기술합니다.)

(As you see my billing address, 빌링 주소를 한국으로 적을 수 있는 경우 사용)

I live in South Korea. I use another shipping company because you don't ship to Korea.

I want to return to you but international shipping fee is very high. How to resolve this problem? I always appreciated your service and loved your products but I'm very disappointed this time. I look forward to your reply.

주문번호는 (#주문번호)입니다. 손상된 상품을 받았어요, (손상된 부분과 정도를 기술합니다.) 빌링(청구) 주소를 보면 알겠지만(빌링 주소를 한국으로 적을 수 있는 경우 사용), 나는 한국에 살고 있습니다. 당신이 한국으로 보내주지 않기 때문에 배송회사를 사용했습니다.
나는 반송하고 싶지만 국제배송료는 매우 비쌉니다. 어떻게 이 문제를 해결할 수 있을까요? 나는 당신의 제품을 좋아하고 당신의 서비스에 항상 감사하고 있지만, 이번에는 매우 실망했습니다. 답장을 기다리겠습니다.

● **일반적인 쇼핑몰의 잘못으로 선불 반품 라벨을 요청할 경우**

My order number is (#주문번호). Is it free to return it? Please send me a prepaid return label*. I look forward to your reply.

주문번호는 (#주문번호)입니다. 반품 배송료는 무료겠지요? 선불 리턴 라벨을 보내주시기 바랍니다. 답장을 기다리겠습니다.

* return label : 반송할 수 있는 운송장

● **내가 주문한 것과 다른 상품이 배송되어 반품할 경우**

My order number is (#주문번호). I received wrong item. I want to return X(반품할 상품 수) (반품할 상품) of this order. Please send me return label. I look forward to your reply.

주문번호는 (#주문번호)입니다. 주문한 것과 다른 상품을 받았습니다. 이 주문에서 X 개의 (반품할 상품)를 반품하고 싶습니다. 리턴 라벨을 보내주시기 바랍니다. 답장을 기다리겠습니다.

● **결함이 있는 상품이 배송되어 반품할 경우**

My order number is (#주문번호). I received damaged item. I want to return X(반품할 상품 수) (반품할 상품) of this order. Please send me return label. I look forward to your reply.

주문번호는 (#주문번호)입니다. 손상된 상품을 받았습니다. 이 주문에서 X 개의 (반품할 상품)를 반품하고 싶습니다. 리턴 라벨을 보내주시기 바랍니다. 답장을 기다리겠습니다.

● **취소한 상품이 배송되어 반품할 경우**

My order number is (#주문번호). I received cancelled item. I want to return X(반품할 상품 수) (반품할 상품) of this order. Please send me return label. I look forward to your reply.

주문번호는 (#주문번호)입니다. 취소한 상품을 받았습니다. 이 주문에서 X 개의 (반품할 상품)를 반품하고 싶습니다. 리턴 라벨을 보내주시기 바랍니다. 답장을 기다리겠습니다.

상품이 잘못 배송되었어요

● 반품을 요청할 경우

My order number is (#주문번호). I received wrong items. So I want to return and refund. I return the wrong items. Please check this and refund me.

주문번호는 (#주문번호)입니다. 주문한 것과 다른 상품을 받았습니다. 반송하고 환불 받았으면 합니다. 잘못 받은 상품을 반송할 테니 확인 후에 환불해주시기 바랍니다.

● 교환을 요청할 경우

My order number is (#주문번호), I received wrong items. So I want to return and exchange. I return the wrong (잘못 배송된 상품 개수 또는 상품 이름) items. Please check this and send the pre-paid return label to me.

주문번호는 (#주문번호)입니다. 주문한 것과 다른 상품을 받았습니다. 반송하고 교환 받았으면 합니다. 잘못 받은 상품 (잘못 배송된 상품 개수 또는 상품 이름) 을 반송할 테니 확인하고 선불 리턴 라벨을 보내주셨으면 합니다.

● 반품은 어렵고 환불을 요청할 경우

My order number is (#주문번호). I ordered (주문한 상품(a $xx value)). But (도착한 다른 아이템) (a $xx value, 받은 아이템 가격) was delivered. I'm business trip through DD/MM(날짜). So I cannot return. Please refund the charge $xx.xx(환불 금액). I look forward to your reply.

주문번호는 (#주문번호)입니다. (주문한 상품(a $xx value))을 주문했습니다만, ($xx 짜리 받은 상품 가격) (도착한 다른 상품)이 도착했습니다. 일/월까지 출장 중이라 반품할 수가 없습니다. 차액 $xx.xx(환불 금액)을 환불해주시기 바랍니다. 답장을 기다리겠습니다.

● 원래 주문한 상품 배송을 요청할 경우, 한국 직배송 받은 것에 대한 반송방법도 문의

My order number is (#주문번호). I received wrong items. You should re-ship my ordered item (주문한 상품). And I will return wrong item, how can I return from South Korea? I look forward to your reply.

주문번호는 (#주문번호)입니다. 주문한 것과 다른 상품을 받았습니다. 내가 주문한 (주문한 상품)으로 재배송해야 합니다. 그리고 잘못 받은 상품은 반환해야 하는데 한국에서 어떻게 반송해야 할까요? 답장을 기다리겠습니다.

● 반송한 물건 도착 확인 요청

My order number is (#주문번호). I returned this order, the tracking number is usps(리턴한 배송사) 트랙킹넘버. Please check the delivery status and refund the money as soon as possible. Thank you. I look forward to your reply.

주문번호는 (#주문번호)입니다. 이 주문을 반송했고, 운송장번호는 (반송한 운송회사)의 (운송장 번호)입니다. 도착 상태를 확인하고 빠른 시일 내에 환불해주시기 바랍니다. 감사합니다. 답장을 기다리겠습니다.

● 반송 완료 후 환불 요청

I sent my return item (#주문번호). Tracking number is usps(리턴한 배송사) ＊＊＊(운송장 번호). The package was delivered on 도착한 날짜, (x) days ago. Why didn't I get my refund? I look forward to your reply.

주문 (#주문번호)에 대하여 상품을 반송했습니다. 운송장번호는 (반송한 운송회사)의 ＊＊＊(운송장 번호)입니다. 패키지가 (x)일 전에 도착했습니다. 왜 환불이 이루어지지 않고 있나요? 답장을 기다리겠습니다.

Hello.

First, I am sorry about the late contact. Actually the package arrived to me (3 weeks ago). But I was busy movement of my house(연락하지 못했던 사유). So I recognize today that the different item was shipped.

The dropped item is this.
Order Number : (#주문번호)
Product Number : (#상품명, 수량, 가격)

The wrong item is a white color tight(잘못 받은 아이템에 대한 설명). Please send me my ordered item. My address is the same. please send to the same address. If you want me to return the wrong item I can send it to you by EMS(Korea international post) but I can't pay shipping fee. (한국직배송인 경우에 사용)

If you want me to return the wrong item, you should send me the pre-paid return label.

안녕하세요.
무엇보다 늦은 연락 죄송합니다. 실제로 물건은 (도착한 시점)에 도착했습니다. 그러나 (연락하지 못했던 사유)로 인하여 바빴습니다. 그래서 주문한 것과 다른 상품이 배송된 것을 오늘에야 알았습니다.

누락된 상품은 이렇습니다.
주문번호 : (#주문번호)
누락된 제품 : (#상품명, 수량, 가격)

잘못 받은 상품은 (잘못 받은 상품에 대한 설명)입니다. 주문한 상품을 보내주시기 바랍니다. 주소는 같으니 같은 주소로 보내주시기 바랍니다.
만약 잘못 배달된 상품을 반송하려면 한국에서 EMS로 보내야 할 텐데 이것은 무료가 아닙니다. (한국직배송인 경우에 사용)
만약 잘못 배달된 상품을 반송하려면 그쪽에서 선불 리턴 라벨을 나에게 보내주었으면 합니다.

기프트 카드를 받지 못했으니 다시 보내주세요

● [live chat]

> funnyshoppper: My order number is (#주문번호). Total amount is $XX.XX(금액).
> your promotion of gift certificate. We'll send your offer code(s) the
> last week in December 2008 to the email address used on your or-
> der. (You'll just have to trust us on this one.) Redemption is limited
> to one offer code per order and offer codes are not valid on gift
> certificates, lift tickets, tax or shipping. Oh, and if you return an item
> you used the code to purchase, you will receive store credit, not
> cash money. Code valid from January 1, 2009 - Jan 31, 2009 only. I
> did not receive $50 GC via email.
>
> Matt A.: Just a moment while I look into that. I certainly do apologize for the in-
> convenience on that and we will get you that Gift code sent out to you
> in the next 1-2 business days.

고객 : 주문번호는 (#주문번호)입니다. 총 주문금액은 $XX.XX(금액)입니다. 당신은 주문한 이메일로 지난주인 2008년 겨울까지 당신의 프로모션 할인쿠폰을 보내기로 했습니다. 할인쿠폰은 한 주문에 1개만 사용 가능하며, 상품권, 리프트티켓, 세금이나 배송료에는 적용할 수 없습니다. 만약에 이 쿠폰으로 주문한 상품을 반환한다면 당신은 현금이 아닌 상품권을 받게 될 것입니다. 쿠폰은 2009년 1월 1일부터 1월 31일까지만 사용 가능합니다. 나는 상품권 $50을 이메일로 받지 못했어요.
상담원 : 내용을 확인해보겠습니다. 불편을 드려 정말 죄송합니다. 상품권을 1~2일 내로 곧바로 보내드리겠습니다.

가입되어 있는 멤버십을 취소하고 싶어요

멤버십 취소 이메일을 보내면 바로 취소해 주는 경우도 있고 전화를 하라는 경우도 있습니다. 전화를 하면 간단히 이름과 주소 정도의 정보만 확인하고 취소를 해주는 경우가 많습니다.

> I joined (멤버십 프로그램 이름) membership Programs. But I want to cancel (멤
> 버십 프로그램 이름) Membership Program. I look forward to your reply.

(멤버십 프로그램 이름) 멤버십에 가입했습니다만, (멤버십 프로그램 이름) 멤버십이 필요하지 않으니 취소 바랍니다. 답장을 기다리겠습니다.

42 기타
유통기한이 얼마 남지 않았으니 바꿔주세요

● 쇼핑몰에 보낸 이메일

Your Name: ＊＊＊＊
Order Id: 105-3826841-＊＊＊＊
ITEMS: Earths Best 2nd Organic Pears & Raspberries 4 Ounce Jars (Pack of 12)
Comments: This items expiry date is 20 NOV 09(날짜, ddmmyy). My 3 month old baby cannot take this in november. The expiry date is too late comparing with the same product but different flavor. The carrot flavor I orderd on August 27, 2009 and order number is (#주문번호) expires on 15 DEC 10. I would like to return them, Please send different one with a longer expiry date this time.

상품 이름.
유통기한이 2009년 11월 20일 (날짜, ddmmyy)까지입니다. 나의 3개월 된 아기는 11월에 이것을 먹을 수 없습니다. 같이 주문한 다른 상품은 유통기한이 넉넉합니다. 2009년 8월 29일에 주문한, 주문번호는 (#주문번호)인 당근맛 상품은 유통기한이 2010년 12월 15일까지입니다. 반품하고 싶습니다. 이번에는 유통기한이 긴 상품으로 보내주시기 바랍니다.

43 기타
선물상자를 보내주세요

● 쇼핑몰에 보낸 이메일

My order number is (#주문번호). Please send me (필요한 수량) extra free gift box(es)* with my order. I am looking forward to your reply.

주문번호는 (#주문번호)입니다. 무료 선물 상자를 (필요한 수량)개 포함해서 배송해주십시오. 답장을 기다리겠습니다.

* boxes : 상자가 2개 이상일 때

● 실제 지불한 금액이 적힌 청구서 요청

> My order number is (#주문번호). I received the notice from Korea Customs. Because the original price was described on the invoice was different from what I purchased. It says I exceeded my limit. I purchased on sale so the total amount was ($주문한 가격). Can I receive an invoice with an amount of $XX.XX(실제 결제금액)? I look forward to your reply.

주문번호는 (#주문번호)입니다. 내가 주문한 가격의 청구서가 아닌 할인 전 가격의 청구서가 첨부되었다고 한국세관으로부터 통지를 받았습니다. 그것은 과세 한도를 넘기 때문에 문제가 됩니다. 내가 주문한 총 가격은 ($주문한 가격)입니다. $XX.XX(실제 결제금액)에 대한 청구서를 받을 수 있을까요? 답장을 기다리겠습니다.

● 주문 총액에 운송비가 포함되어 있다는 문구가 적힌 청구서 요청

> My order number is (#주문번호). The order total was $xxx.xx(결제금액), this total amount was included international shipping fee. Please send me an invoice for the sum of $xxx.xx(결제금액) forms of CIF. Korean government CUSTOMS want that. I look forward to your reply.

주문번호는 (#주문번호)입니다. 주문 총액은 $xxx.xx(결제금액)이고 이것은 국제배송료를 포함한 총액입니다. CIF를 포함하여 $xxx.xx(결제금액)에 대한 청구서를 보내주시기 바랍니다. 한국 정부 세관은 그것을 원합니다. 답장을 기다리겠습니다.

 샵밥의 통관 노하우

샵밥(SHOPBOP.COM) 같은 쇼핑몰은 주문하자마자 CIF(주문 총액에 운송비가 포함되어 있다는 문구) 포함된 청구서를 달라고 해서 미리 받아놓는 것이 세관에서 문제가 생겼을 때 빨리 통관 받을 수 있는 한 방법입니다.

제품의 유효기간을
확인해주세요

● MFG DATE*가 적혀 있을 경우

My order number is (#주문번호). I ordered a (주문한 제품 이름) on MM/DD/YYYY and it says the MFG date is (쓰여 있는 MFG DATE). What does MFG date stand for? I dont think this is the expiry date. Please check the date of expiry on the items and let me know. I am looking forward to your reply.

주문번호는 (#주문번호)입니다. (주문한 제품 이름)를 MM/DD/YYYY에 주문했는데, 거기 MFG 날짜가 (쓰여 있는 MFG DATE)라고 적혀있습니다. MFG 날짜가 무엇인가요? 유효기한은 아닌 것 같은데요. 이것의 유효기한을 확인해보고 알려줬으면 좋겠습니다. 답장을 기다리겠습니다.

* MFG DATE : MANUFACTURING DATE의 약자로 제조일을 의미합니다.

● LOT 번호*가 적혀 있을 경우

My order number is (#주문 번호). I ordered a (주문한 제품 이름) on MM/DD/YYYY and the LOT number is (LOT 번호). What does LOT number stand for? I don't think this is the expiry date. Please check the date of expiry on the items and let me know. I am looking forward to your reply.

주문번호는 (#주문번호)입니다. (주문한 제품 이름)를 MM/DD/YYYY에 주문했는데, 거기 LOT 넘버가 (LOT 번호)라고 적혀있습니다. LOT 넘버가 무엇인가요? 유효기한은 아닌 것 같은데요. 이것의 유효기한을 확인해보고 알려줬으면 좋겠습니다. 답장을 기다리겠습니다.

* LOT 번호 : 같은 제품군에 부여하는 번호로 회사마다 번호를 부여하는 방법이 다릅니다.

46
기타

로그인 비밀번호를 알려주세요

> Hello,
> My account is (어카운트). I lost my password. Let me know, how can I login to my account? I look forward to your reply.

안녕하세요.
제 계정은 (어카운트)입니다. 비밀번호를 잃어버렸습니다. 내 계정에 어떻게 로그인할 수 있는지 알려주셨으면 합니다. 답장을 기다리겠습니다.

47
기타

주문하지 않았는데 주문 메일이 왔어요

> Hello,
> I did not order from (쇼핑몰). But I received order notification and shipment email. Please check this, reply me.

안녕하세요.
(쇼핑몰)에 주문하지 않았습니다. 그러나 배송 알림 이메일을 받았습니다. 확인 후 답장 바랍니다.

48 쿠폰을 받지 못했으니 다시 발행해주세요

● 이메일에 문제가 있어서 쿠폰을 받지 못한 경우

> You sent me the promotion code by email, but I could not receive them because my email has some problem. So I fixed my email setting. Can you send me the promotion code again? Thank you.

당신이 나에게 할인쿠폰을 보내줬지만 이메일에 문제가 있었는지 도착하지 않았습니다. 이메일 설정을 수정했으니 할인쿠폰을 다시 한 번 보내주시겠습니까? 감사합니다.

● sorry coupon 발급하는 쇼핑몰일 경우

> My order number is (#주문번호), some of the items are currently out of stock. Some items doesn't deliver them to me because they're out of stock. You send me the promotion code again by email, but I did not received it yet. Can you send me a promotion code again? Thank you.

주문번호는 (#주문번호)입니다. 제품 중 몇 개가 일시품절이라고 나옵니다. 품절로 인하여 몇 몇 상품이 도착하지 않았습니다. 당신이 나에게 사과의 뜻으로 할인쿠폰을 보내주었다 생각되지만 아직 받지 못했습니다. 할인쿠폰을 다시 한 번 보내주시겠습니까? 감사합니다.

● 프로모션으로 개인 코드 발행했는데 나는 못 받았을 경우

> I did not receive the (프로모션 이름) coupon code. But my friend received it (프로모션 이름) coupon code . Would you send me a coupon? My email is (받고자하는 이메일 주소)? I love (사이트명) and I look forward to your reply.

(프로모션 이름)의 쿠폰을 받지 못했습니다. 친구는 받았고요. 나에게도 쿠폰을 보내주시겠어요? 나의 이메일 주소는 (받고자하는 이메일 주소)입니다. (사이트명)을 사랑합니다. 답장 기다리겠습니다.

● 프로모션으로 받은 쿠폰 이메일을 지웠을 경우

> You sent the (프로모션이름) coupon code by email to me but I mistakenly I deleted the coupon code. Would you send me the coupon by email (받고자 하는 이메일 주소) again? I look forward to your reply.

(프로모션이름) 쿠폰을 이메일로 보내주셨는데 실수로 지워버렸습니다. 이메일주소 (받고자 하는 이메일 주소)로 다시 한 번 보내주시겠습니까? 답장을 기다리겠습니다.

비주얼 톡톡 2

해외쇼핑으로

나는
쇼핑
다이어트
한다

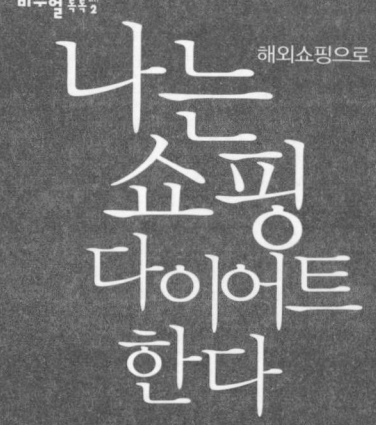

초보자를 위한 해외쇼핑몰 이용 가이드

비주얼 톡톡 2

해외쇼핑으로

나는
쇼핑
다이어트
한다

UNI AUCTION

번역해서 검색 번역안하고 검색
통합검색 ▼ 상품URL 또는 검색어를 입력해주세요. 검색

🔍 유니카페 바로가기 구버전 사이트 바로가기

로그인 회원가입 ID/PW찾기

구매대행 카테고리 구매신청 견적요청 미국배송대행 공동구매 해외판매 1:1문의 이용안내

신청서 자동입력기능
신청서 자동입력기능이 탑재되어 있어 귀찮은 신청서입력을
단시간에 끝내실 수 있습니다.

MEMBERSHIP LOGIN
□ ID저장
로그인
회원가입 | 아이디/비밀번호 찾기

세계시각
중국 2012. 08. 20 15:57:34 월요일
일본 2012. 08. 20 16:57:34 월요일
미국 2012. 08. 20 아:57:34 월요일

UNI 가이드
EMS국제배송조회
항공특송배송조회
비용및 수수료안내

추천상품

Rockport... $ 30,99
EMU... $ 29,99
Pure... $ 8,25
chloe... $ 99,9
Skullcandy... $ 7,94

유니옥션 공지사항 ✦ more
▸ [미국] 창고이전 예정...
▸ [미국] 새로운 배송비 ...
▸ [미국] 신청서 미기재 ...
▸ [미국] 오레곤 센터 배...
▸ [미국] 검수.사진촬영...

UNI 고객센터

CUSTOMER CENTER

미국 사무소
070-7893-1672
주말제외 PM10-AM7

중국 사무소
070-7893-1849
주말제외 AM10-PM7

일본 사무소
070-7152-2466
주말제외 AM9-PM6

대만 사무소
070-8236-7092
주말제외 AM10-PM6

해외직구할 때 유니옥션을 사용하는 이유!
● 합배송 갯수, 무제한, 3박스까지 합배송 무료
● 결제가 되면 당일출고되며, 당일출고가 안되면 쿠폰 지급
● 검수 과정 전과정 동영상 제공(무료)
● 물품 하자시 무료 반품 서비스
● 상품이 도착되어도 결제 전까지 추가합배송이나 신청서 수정 가능
● 저렴한 사진 촬영 서비스(갯수 제한 없이 500원)
● 보관료 30일간 무료
● 배대지 주소 자동 입력 기능 : 귀찮은 주소 입력을 클릭 한번으로 해결
● 신청서 자동 입력 기능 : 귀찮은 신청서 작성 절차를 클릭 한 번으로 해결

아이디(E-mail) a@gmail.com 비밀번호 ●●●●●● 로그인 ②
amazon, 6pm, finishiline, diapers, drugstore, ralphlauren, gap등
계정 로그인만하면 신청서 자동등록 서비스

*상품명 *단가 *수량 오더번호 트래킹번호 식별코드
최근 주문순서로 자동으로 입력 됩니다.
Misto Gourmet Olive Oil Sprayer, Br $8.94 1 개 002-6221772-@ 1박로그1 ▼ ETC(품목리스트에 없음 ▼
URL http://www.amazon.c 색상 사이즈

유니옥션 네이버카페
스마트베겐 업무제휴

미국사무소: (USA OFFICE) 501 BROAD AVE STE 13 UNIAUC, RIDGEFIELD, NJ, Tel:070-7893-1672 주말제외 AM0-AM6
중국사무소: 廣州市東莞市南城區 105 사업自동록번호: 23108430007656 Tel:070-7893-1849 전화옹대가능시간 주말제외 AM10-PM7
일본사무소: 일본사업은 잠정중단되었습니다.
대만사무소: 台北市水林區114層10號 Tel:070-8236-7092

유니옥션은 인세링 등 관련규정을 준수하는 전체에서 배자구매대행 및 배송대행 서비스를 제공하며 상품의 이미지 및 등록내용에 관해서는 일체의 책임을 지지 않으며 세관반입금지품목을 취급하지 않고 분할배송 등 부가서비스를 제공하지만 통관사유로하여 협조하지 않습니다. 또한 자가사용목적을 제외한 판매용 및 사업용도 등으로 구입한 상품은 판결시 사업자 명의로 배송신청을 하셔야 하며 취득인으로 인해 발생하는 불이익은 책임지지 않습니다.

uni auction

http://www.bonofly.com

BONOFLY

로그인 | 회원가입 | 마이페이지 | 주문배송조회 | 고객행복센터

손쉬운 미국쇼핑 - BONOFLY

USA N.J
46 BERGEN TPKE SUITE 1
LITTLE FERRY, NJ 07643
TEL : 201-399-4654

  9월오픈베타존

배송대행   구매대행   커뮤니티   셀프견적   선착순할인   카페바로가기   즐겨찾기

해외직구의 달인 !!
보노플라이와 함께라면 어렵지 않아요~

Big event

배송대행 신청하기
해외쇼핑몰 구매물건 국제배송
서비스 이용하기

구매대행 신청하기
해외쇼핑몰 상품구매대행+국제배송
서비스 이용하기

해외직구가 처음이세요?
보노플라이와 함께라면 고민끝 !!
보노플라이 네이버카페

보노플라이 가입하기

미국 쇼핑몰 물건구입

보노플라이 배송대행 신청

한국에서 물건 받기

보노플라이 공지사항   MORE ▶

➤ [일반] 구매대행 수수료 안내 ..   12-08-19
➤ [일반] 보노플라이 미국주소 입력방법 ..   12-08-19

우수이용후기   MORE ▶

📄 [아마존] 보노플라이 너무 좋아요.111 ..   12-07-30

추천미국쇼핑몰   MORE ▶

 ALDO

알도(ALDO)
http://www.aldoshoes.com/us
국내 연예인이 애용하는 ALDO슈즈
입니다.

 FinishLine

피니쉬라인(FinishLine)
http://www.finishline.com/
미국 나이키를 가장싸게 살수있는
곳

 YANKEE CANDLE

양키캔들(Yankee Candle)
http://www.yankeecandle.com/
세상에 모든향를 담고있는 양키캔
들입니다.

 diapers.com

다이퍼스(Diapers)
http://www.diapers.com
유명한 미국유아용품을 한곳에 모
아놓은곳

고객행복센터   MORE ▶

🇰🇷 KOREA 서울   업무중 ☎ 070-8861-9003
                      ⏰ 2012-08-20 PM 04:50

 USA N.J.   업무종료 ☎ 070-7885-0769
                      ⏰ 2012-08-20 AM 03:50

 USA D.E.   종비중 ☎ 070-7885-0769
                      ⏰ 2012-08-20 AM 03:50

1:1 문의신청

FAQ
자주하는 질문

배송요금   회원등급 안내   미국쇼핑몰 구매방법   미국쇼핑몰 할인&구폰   해외직구 카페

1154.86원 (전주대비
21.86)
지난주 1133원
관세청 고시환율
